AraribáPLUS História

CADERNO DE ATIVIDADES 6

Organizadora: Editora Moderna
Obra coletiva concebida, desenvolvida e produzida pela Editora Moderna.

Editora Executiva:
Ana Claudia Fernandes

5ª edição

MODERNA

© Editora Moderna, 2018

MODERNA

Coordenação editorial: Ana Claudia Fernandes
Elaboração de originais: Camila Petroni, Maria Clara Antonelli, Ana Claudia Fernandes
Edição de texto: Maria Clara Antonelli, Maiara Henrique Moreira
Assistência editorial: Rosa Chadu Dalbem
Gerência de *design* e produção gráfica: Sandra Botelho de Carvalho Homma
Coordenação de produção: Everson de Paula, Patricia Costa
Suporte administrativo editorial: Maria de Lourdes Rodrigues
Coordenação de *design* e projetos visuais: Marta Cerqueira Leite
Projeto gráfico e capa: Daniel Messias, Otávio dos Santos
Pesquisa iconográfica para capa: Daniel Messias, Otávio dos Santos, Bruno Tonel
  Fotos: Shutterstock_297302417, Thomas Barrat/Shutterstock, KC Lens and Footage/Shutterstock
Coordenação de arte: Carolina de Oliveira
Edição de arte: Tiago Gomes Alves
Editoração eletrônica: APIS design integrado
Coordenação de revisão: Maristela S. Carrasco
Revisão: Beatriz Rocha, Know-how Editorial Ltda., Renato da Rocha
Coordenação de pesquisa iconográfica: Luciano Baneza Gabarron
Pesquisa iconográfica: Vanessa Manna, Daniela Chahín Baraúna
Coordenação de *bureau*: Rubens M. Rodrigues
Tratamento de imagens: Fernando Bertolo, Joel Aparecido, Luiz Carlos Costa, Marina M. Buzzinaro
Pré-impressão: Alexandre Petreca, Everton L. de Oliveira, Marcio H. Kamoto, Vitória Sousa
Coordenação de produção industrial: Wendell Monteiro
Impressão e acabamento: Forma Certa Gráfica Digital
Lote: 788146

Imagens de capa
Stonehenge, estrutura neolítica no Reino Unido (foto de 2015); aparelho de GPS (Sistema de Posicionamento Global).

Neste livro, iniciaremos o estudo da aventura humana desde os seus primeiros tempos, antes mesmo da construção do Stonehenge (retratado na capa), até a formação da Europa medieval.

Dados Internacionais de Catalogação na Publicação (CIP)
(Câmara Brasileira do Livro, SP, Brasil)

Araribá plus : história : caderno de atividades / organizadora Editora Moderna ; obra coletiva concebida, desenvolvida e produzida pela Editora Moderna ; editora executiva Ana Claudia Fernandes. – 5. ed. – São Paulo : Moderna, 2018.

Obra em 4 v. para alunos do 6º ao 9º ano.
Bibliografia

1. História (Ensino fundamental) I. Fernandes, Ana Claudia.

18-16956   CDD-372.89

Índices para catálogo sistemático:
1. História : Ensino fundamental   372.89

Maria Alice Ferreira – Bibliotecária – CRB-8/7964

ISBN 978-85-16-11196-0 (LA)
ISBN 978-85-16-11197-7 (LP)

Reprodução proibida. Art. 184 do Código Penal e Lei 9.610 de 19 de fevereiro de 1998.
Todos os direitos reservados
EDITORA MODERNA LTDA.
Rua Padre Adelino, 758 – Belenzinho
São Paulo – SP – Brasil – CEP 03303-904
Vendas e Atendimento: Tel. (0_ _11) 2602-5510
Fax (0_ _11) 2790-1501
www.moderna.com.br
2024
Impresso no Brasil

1 3 5 7 9 10 8 6 4 2

SUMÁRIO

UNIDADE 1 Introdução ao estudo de história 4

UNIDADE 2 As origens do ser humano 10

UNIDADE 3 O povoamento da América 20

UNIDADE 4 Mesopotâmicos, egípcios e americanos 31

UNIDADE 5 Grécia e Roma antigas 38

UNIDADE 6 Reinos, aldeias e o Império Romano 46

UNIDADE 7 A formação da Europa medieval 54

UNIDADE 8 Trocas comerciais e culturais na Europa medieval 62

UNIDADE 1 INTRODUÇÃO AO ESTUDO DE HISTÓRIA

RECAPITULANDO

A HISTÓRIA E O HISTORIADOR

A **história** é o estudo das ações humanas ao longo do tempo e no espaço. Os historiadores definem o que será pesquisado sobre o passado com base em alguma questão do presente. Para isso, eles pesquisam, analisam, comparam e interpretam os registros do passado, que são chamados documentos ou **fontes históricas**. Existem diferentes tipos de fontes:

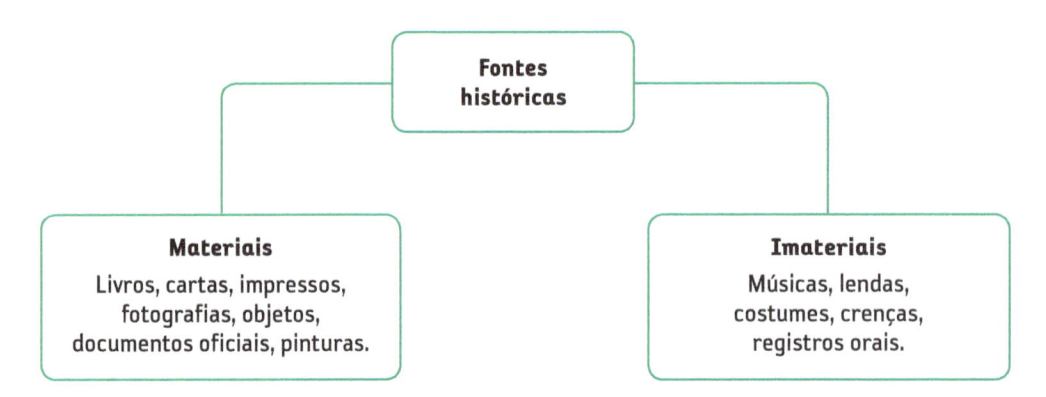

Fontes históricas
- **Materiais**: Livros, cartas, impressos, fotografias, objetos, documentos oficiais, pinturas.
- **Imateriais**: Músicas, lendas, costumes, crenças, registros orais.

O TEMPO E A HISTÓRIA

Os seres humanos desenvolveram instrumentos como os relógios para medir o tempo. O calendário foi outra forma encontrada pelas antigas sociedades para organizar e controlar a passagem do tempo.

Os calendários foram desenvolvidos com base na observação da natureza (como a sequência de dias e noites e as mudanças de fase da Lua) e também considerando fatores religiosos (por exemplo, o nascimento de Cristo marca o ano 1 no calendário cristão). Por isso, existem diferentes tipos de calendário.

Além dos calendários, temos outros recursos para nos organizar em relação ao tempo. Utilizamos algumas medidas para nos referir a longos intervalos:

década = dez anos;

século = cem anos;

milênio = mil anos.

O **século** é uma medida de tempo muito utilizada pelos historiadores. O primeiro século da era cristã estende-se do nascimento de Cristo (ano 1) até o ano 100. Todos os anos anteriores ao nascimento de Cristo são marcados com a sigla **a.C.** (antes de Cristo).

Para facilitar o estudo da história, alguns estudiosos definiram **períodos** (ou épocas) que correspondem a um tempo no qual as sociedades apresentaram determinadas características comuns, diferentes das de outros períodos.

A periodização mais utilizada em livros de história foi criada por europeus. Eles dividiram a história em cinco períodos: Pré-história, História Antiga, História Medieval, História Moderna e História Contemporânea. Essa divisão pode ser representada por uma linha do tempo, como a que está na página seguinte.

A PERIODIZAÇÃO DA HISTÓRIA OCIDENTAL

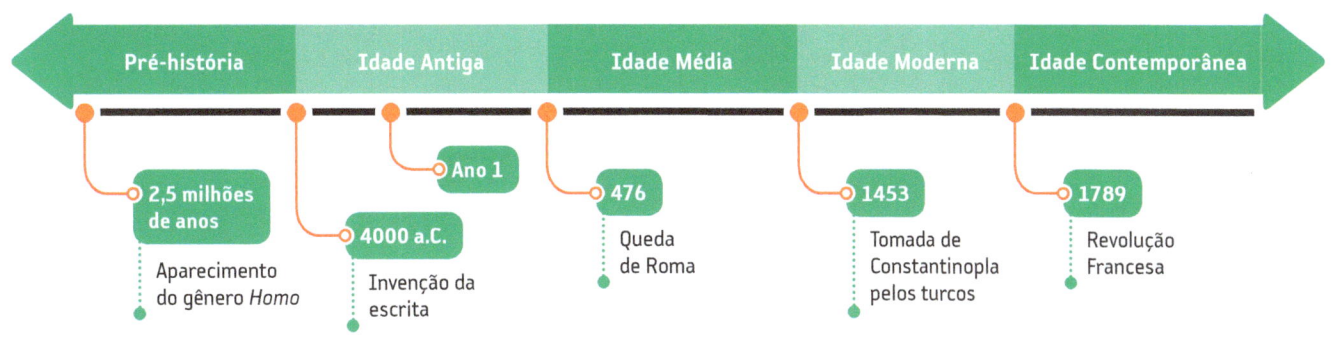

Pré-história	Idade Antiga	Idade Média	Idade Moderna	Idade Contemporânea
2,5 milhões de anos — Aparecimento do gênero *Homo*	4000 a.C. — Invenção da escrita / Ano 1	476 — Queda de Roma	1453 — Tomada de Constantinopla pelos turcos	1789 — Revolução Francesa

Os acontecimentos desta linha do tempo não foram representados em escala temporal.

PATRIMÔNIO E MEMÓRIA

Patrimônio cultural é toda expressão (material ou imaterial) que representa a história e a cultura (crenças, conhecimentos, modo de vida) de um povo, e existem políticas para preservação dos patrimônios. Um dos instrumentos utilizados para definir e proteger um patrimônio é o **tombamento**.

Teste e aprimore seus conhecimentos com as atividades a seguir.

1. Complete o parágrafo abaixo com os termos corretos.

A história é _____. Para estudar o passado,

os historiadores pesquisam, analisam e comparam as _____.

Elas podem ser materiais, como _____,

ou imateriais, como _____.

2. Classifique as afirmativas a seguir, sobre a história e o trabalho dos historiadores, em verdadeiras (V) ou falsas (F).

a) (   ) Não há relação entre a história e outras ciências.

b) (   ) Os historiadores estudam a ação dos seres humanos ao longo do tempo.

c) (   ) O historiador estuda o passado por meio de perguntas surgidas no presente.

d) (   ) Somente documentos escritos trazem informações verdadeiras sobre o passado.

e) (   ) Os historiadores utilizam diferentes tipos de documentos para estudar o passado.

f) (   ) A história deve ser estudada somente com base nos feitos de homens importantes, como reis e sacerdotes.

g) (   ) Atualmente, temas como história das mulheres, das crianças, da morte, entre outros, são valorizados e compõem o campo de estudo dos historiadores.

3. Complete a ficha abaixo sobre o trabalho do historiador.

a) O objeto de estudo do historiador:
b) Materiais utilizados pelo historiador para fazer suas pesquisas:
c) Ponto de partida da pesquisa histórica:
d) Ramo dos estudos de história voltado para os registros da memória:
e) Como o historiador deve examinar os documentos:

4. Assinale as alternativas corretas. Em seguida, reescreva as incorretas, corrigindo-as.

   a) (   ) Três séculos correspondem a 3 mil anos.
   b) (   ) A periodização é um recurso utilizado para facilitar o estudo da história.
   c) (   ) Fontes históricas são documentos oficiais produzidos pelos governos de diferentes sociedades ao longo do tempo.
   d) (   ) O calendário cristão é o mais utilizado no mundo ocidental e tem como marco o ano de nascimento de Jesus Cristo.
   e) (   ) Os historiadores analisam, comparam e interpretam as fontes a fim de entender acontecimentos ou processos do passado essenciais para a compreensão do presente.

   _____
   _____
   _____

5. Organize os anos abaixo na linha do tempo a seguir.

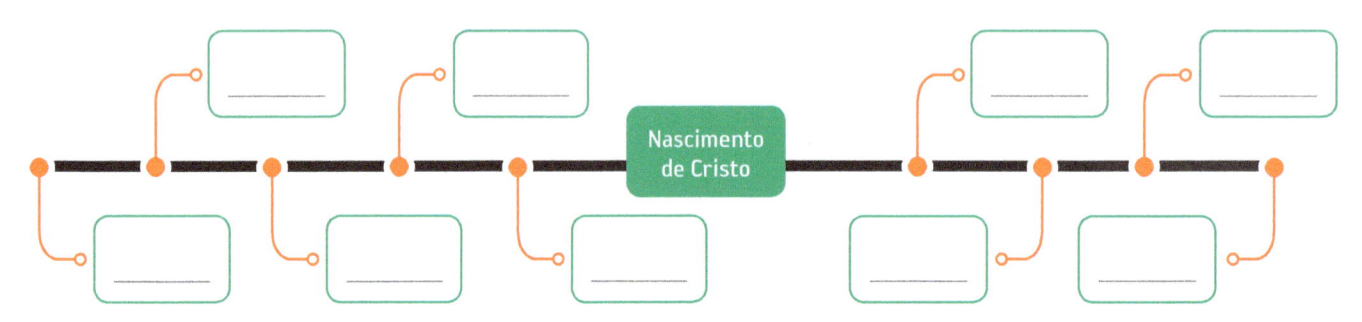

   a) 476
   b) 1000
   c) 520 a.C.
   d) 12 a.C.
   e) 1922
   f) 813 a.C.
   g) 2019
   h) 1999 a.C.
   i) 1380 a.C.

Os acontecimentos desta linha do tempo não foram representados em escala temporal.

6. Escreva o século a que corresponde cada um dos anos indicados abaixo.

a) 2009 → Século _____

b) 1990 → Século _____

c) 1492 → Século _____

d) 1053 → Século _____

e) 506 → Século _____

f) 95 → Século _____

g) 2019 a.C. → Século _____

h) 1249 a.C → Século _____

i) 990 a.C. → Século _____

j) 450 a.C. → Século _____

k) 56 a.C. → Século _____

7. Classifique as fontes históricas abaixo em **M** (materiais) ou **I** (imateriais).

a) ( ) Lendas.
b) ( ) Brinquedos.
c) ( ) Fotografias.
d) ( ) Relatos orais.
e) ( ) Técnica de tecer.
f) ( ) Utensílios domésticos.
g) ( ) Cantigas.
h) ( ) Jornal.

8. Relacione as duas colunas.

Patrimônio material	O Samba de Roda do Recôncavo Baiano é uma manifestação artística e cultural assim caracterizada.
Patrimônio imaterial	Medida tomada pelo Estado para cuidar, restaurar e preservar a memória e a história de um povo.
Tombamento	Órgão internacional que contribui para a preservação da herança cultural da humanidade.
Instituto do Patrimônio Histórico e Artístico Nacional (Iphan)	Órgão estatal brasileiro destinado a preservar os patrimônios nacionais.
Organização das Nações Unidas para a Educação, a Ciência e a Cultura (Unesco)	O centro histórico da cidade brasileira de São Luís, no estado do Maranhão, foi tombado em 2007 e é definido dessa forma.

9. Analise a tirinha a seguir e responda às questões.

> PENSEI QUE A ESCOLA FOSSE DIFERENTE. NÃO SABIA QUE ERA UM LUGAR ONDE SE ENSINAM VELHARIAS!
>
> COLOMBO, OS CONQUISTADORES, OS ÍNDIOS, UMA BATALHA, OUTRA BATALHA!... TUDO DO TEMPO DO ONÇA!
>
> MAS A **HISTÓRIA** É ISSO, CARA! COMO VOCÊ QUERIA QUE A ENSINASSEM?
>
> PARA FRENTE!

Mafalda, tirinha publicada no livro *Toda Mafalda*, de 2010.

a) Qual é o motivo da revolta do personagem Miguelito?

_____

_____

b) Você acha importante estudar o passado? Justifique sua resposta.

_____

_____

10. O Palácio do Catete foi construído no Rio de Janeiro entre 1858 e 1867 para ser a residência de Antônio Clemente Pinto, o barão de Nova Friburgo. A construção se tornou sede do governo brasileiro em 1897, foi tombada pelo Iphan em 1938 e, em 1960, tornou-se sede do Museu da República.

Analise as duas imagens do Palácio do Catete a seguir e responda às questões.

a) Qual é a foto mais antiga? Justifique sua resposta com elementos das imagens.

b) Que modificações na cidade é possível notar por meio da análise das imagens?

c) Essas imagens podem ser consideradas documentos históricos? Justifique.

d) Em sua opinião, quais foram os motivos para o tombamento dessa construção?

UNIDADE 2 AS ORIGENS DO SER HUMANO

> **RECAPITULANDO**

A ORIGEM DA VIDA E DO SER HUMANO

Existem diferentes concepções sobre a origem do ser humano, como os **mitos de criação** e o **criacionismo**, de acordo com os quais a vida foi criada por um ou vários deuses, e o **evolucionismo**, teoria aceita pela comunidade científica.

No século XIX, Charles Darwin e Alfred Wallace desenvolveram a teoria que ficou conhecida como **evolucionismo**. Segundo eles, os seres vivos mais aptos sobrevivem, reproduzem-se e transmitem suas características aos descendentes. Esse processo foi chamado de **seleção natural** das espécies.

Aplicando a teoria evolucionista e considerando que os vestígios mais antigos dos ancestrais humanos foram encontrados no continente africano, os cientistas chegaram à conclusão de que os hominídeos descenderam de uma espécie de primata que viveu na África há cerca de 70 milhões de anos.

Os hominídeos mais antigos de que se tem evidência foram os australopitecos. Eles andavam eretos sobre os dois pés e usavam as mãos para manusear instrumentos.

O gênero *Homo*, do qual fazemos parte, originou-se há cerca de 2,5 milhões de anos. Confira as características das principais espécies desse gênero:

Homo habilis – capaz de fabricar artefatos simples.

Homo erectus – excelente caçador, produzia instrumentos de pedra lascada. Foi a primeira espécie a sair da África, chegando à Europa Oriental.

Homo neanderthalensis – muito parecido com o ser humano moderno, habitou a Europa e a Ásia Ocidental.

Homo sapiens (ser humano moderno) – surgiu há cerca de 200 mil anos nas savanas africanas e se espalhou por todo o mundo. Desenvolveu instrumentos variados e sofisticados, desenvolveu a agricultura, formou cidades e Estados. Foi a única espécie do gênero *Homo* que sobreviveu.

A VIDA HUMANA NO PALEOLÍTICO

Os seres humanos, desde os mais primitivos, desenvolveram formas de sobreviver no planeta, e a garantia da **alimentação** era um fator determinante para isso. No período chamado **Paleolítico** (ou Idade da Pedra Lascada), eles eram **nômades**, ou seja, andavam de um lugar a outro em busca de alimentos, que **caçavam** e **coletavam**. Nesse período, os seres humanos primitivos faziam desenhos em cavernas, onde se abrigavam, e em paredões rochosos. Esses registros, feitos há milhares de anos, são chamados de **arte rupestre** e nos ajudam a entender o cotidiano de nossos ancestrais.

O INÍCIO DA AGRICULTURA

Com o passar do tempo, os grupos humanos aprimoraram o uso de ossos, madeira e pedras e produziram instrumentos mais eficazes para a caça. Há cerca de 12 mil anos, desenvolveram ferramentas como enxadas, foices e pilões com pedras polidas, iniciando o período conhecido como **Neolítico** (ou Idade da Pedra Polida).

Foi nesse período que iniciaram a prática da **agricultura**. Assim, sem a necessidade de migrar em busca de alimentos, alguns grupos humanos se fixaram em lugares específicos, ou seja, tornaram-se **sedentários**.

Os primeiros cultivos eram realizados à beira de grandes rios, cujas cheias deixavam, periodicamente, a terra fértil. Com o tempo, os humanos desenvolveram técnicas de irrigação para o melhor aproveitamento das águas.

A EXPANSÃO DA AGRICULTURA, AS CHEFIAS SOCIAIS E AS PRIMEIRAS CIDADES

As comunidades humanas, ao se fixar à beira de rios, foram se tornando mais complexas. A produção agrícola cresceu e as populações aumentaram. Foi necessária a criação de grupos dirigentes para coordenar as obras hidráulicas, planejar e organizar os plantios e colheitas e administrar o que era produzido. Dessa maneira, apareceram os chefes políticos e foram formados os primeiros **Estados**, instituições com autoridade sobre a população e responsáveis pela gestão dos recursos públicos.

Com a produção de excedentes, algumas pessoas puderam deixar o trabalho agrícola e se dedicar a outras atividades importantes para a comunidade, como a de padeiro, a de sacerdote, a de soldado, a de artesão e muitas outras. Além disso, os excedentes agrícolas passaram a ser trocados entre as comunidades, dando início ao comércio.

Teste e aprimore seus conhecimentos com as atividades a seguir.

1. Classifique as afirmações a seguir em C (criacionismo) ou E (evolucionismo).

   a) (   ) Parte do princípio de que as espécies mais bem adaptadas ao meio tendem a sobreviver e a se reproduzir.

   b) (   ) De acordo com essa concepção, tanto o universo quanto o ser humano foram criados por um Deus.

   c) (   ) Explicação sobre a origem da vida que tem como uma das obras fundamentais a *Bíblia*.

   d) (   ) Tem como base as teorias desenvolvidas por Charles Darwin e Alfred Wallace.

   e) (   ) Não tem fundamentação religiosa.

2. Classifique as afirmativas a seguir, sobre o evolucionismo, em verdadeiras (V) ou falsas (F). Em seguida, reescreva as incorretas, corrigindo-as.

   a) (   ) De acordo com o evolucionismo, o ser humano é descendente direto do chimpanzé.

   b) (   ) O evolucionismo ou darwinismo é uma explicação científica para o surgimento do ser humano.

   c) (   ) Segundo o evolucionismo, as espécies de seres vivos sofreram transformações ao longo do tempo, diversificando-se e dando origem a novas espécies.

   d) (   ) De acordo com o evolucionismo, todos os seres foram criados por um ser divino. Posteriormente, os seres vivos acabaram competindo pelos mesmos espaços e sobreviveram aqueles que se adaptaram melhor.

   e) (   ) Segundo o evolucionismo, os seres vivos mais bem adaptados ao ambiente, ou seja, que têm características diferenciadas que lhes permitem sobreviver, se reproduzem transmitindo suas características às próximas gerações, enquanto os menos aptos tendem a desaparecer.

3. Analise os quadrinhos a seguir.

Um Sábado Qualquer, quadrinhos de Carlos Ruas, 2011.

Identifique a alternativa que completa a frase corretamente.

Os quadrinhos expressam

a) diferentes explicações para a origem do ser humano.
b) diferentes explicações para a origem da vida no planeta.
c) apenas explicações científicas sobre da vida no planeta.
d) apenas explicações míticas sobre a origem do ser humano.

4. Leia o texto, analise a imagem e responda às questões.

"Então, Javé Deus formou do solo todas as feras e todas as aves do céu. E as apresentou ao homem para ver com que nome ele as chamaria: cada ser vivo levaria o nome que o homem lhe desse.

O homem deu então nome a todos os animais, às aves do céu e a todas as feras."

Bíblia Sagrada. São Paulo: Paulus, 1990. p. 15-16.

A criação de Adão, afresco de Michelangelo, 1511-1512.

a) Qual é o tema do texto?

_____

_____

b) O que foi representado na imagem?

_____

_____

c) A que forma de explicação sobre a origem da vida na Terra o texto e a imagem se relacionam? Justifique.

_____

_____

_____

5. Complete o quadro abaixo.

Espécie do gênero *Homo*	Locais que habitava	Habilidades
	África	Produzia e utilizava ferramentas simples.
Homo erectus	África e Europa Oriental	
Homo neanderthalensis		Comunicava-se por meio de alguns sons articulados, caçava e produzia instrumentos de pedra.
	África e, posteriormente, todos os demais continentes	Caçava, coletava e desenvolveu a agricultura. Produzia e utilizava instrumentos complexos. Desenvolveu a linguagem falada e a escrita.

6. Complete a ficha com as principais características do ser humano moderno.

O ser humano moderno
Nome científico:
Onde surgiu?
Quando surgiu?
Atividades que praticava para sobreviver:

7. As diferentes espécies dos gêneros *Australopithecus* e *Homo* se distinguiam, entre outros aspectos, pela altura, pelo volume do cérebro e pelo modo de vida que levavam. A qual espécie está relacionada cada uma das afirmativas abaixo? Insira as respostas na cruzadinha.

a) Povoou diferentes regiões do planeta e foi a única espécie do gênero *Homo* que conseguiu sobreviver.

b) Espécie do gênero *Australopithecus* que viveu por volta de 3,2 milhões de anos atrás e já apresentava algumas características humanas, como a postura ereta.

c) Espécie do gênero *Homo* que habitava a Europa e a Ásia Ocidental e chegou a conviver com o ser humano moderno.

d) Era bom caçador, deixou marcas da sua existência na Europa e na Ásia e, ao que tudo indica, foi a primeira espécie do gênero *Homo* a usar e conservar o fogo.

e) Alimentava-se de carne e de vegetais e representa a mais antiga espécie do gênero *Homo* da qual foram encontrados restos ósseos.

f) Estudos de fósseis dessa espécie de *Australopithecus*, encontrados na África do Sul, indicam que se trata do ancestral direto do gênero Homo.

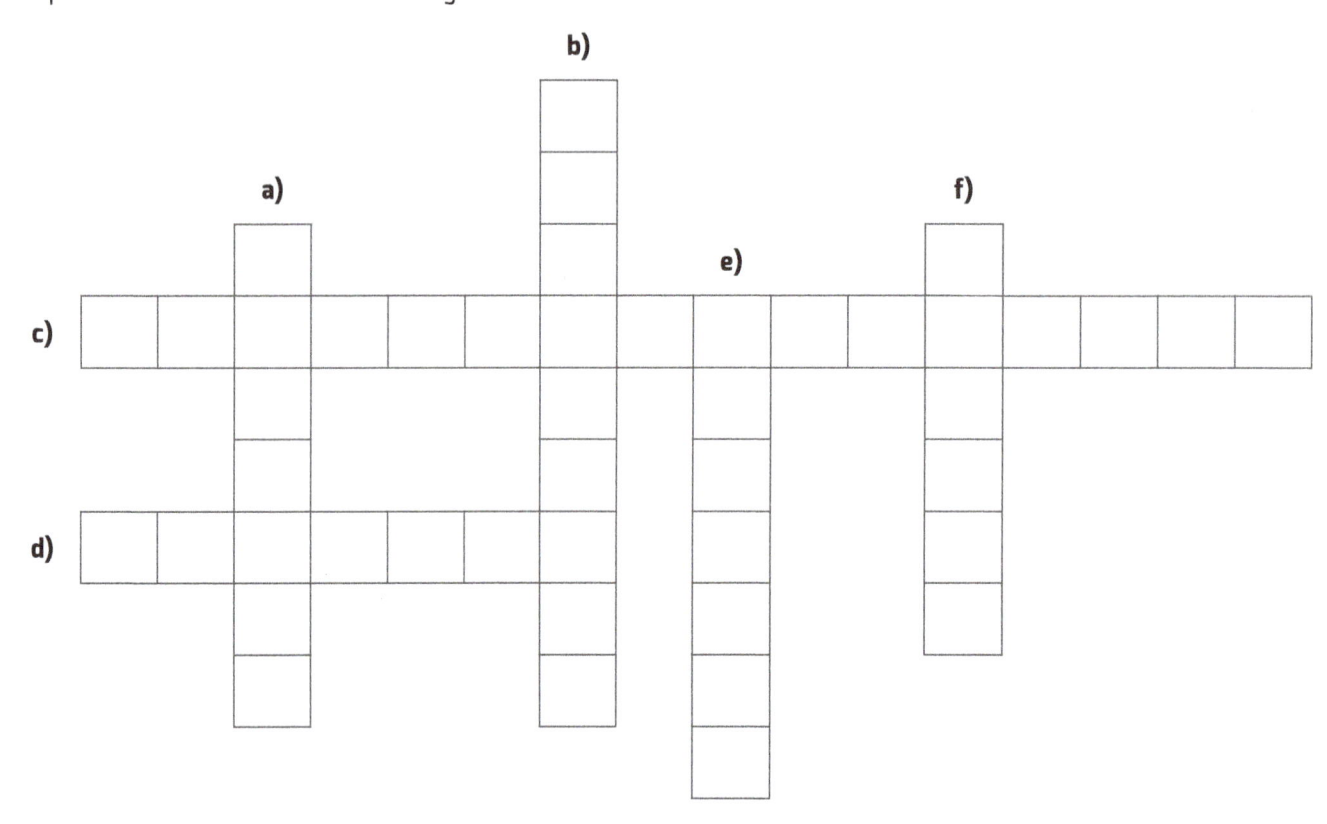

8. O texto a seguir trata de uma descoberta que transformou a vida do ser humano. Leia o texto para responder às questões.

"Há centenas de milhares de anos, nas noites frias de inverno, a escuridão era um grande inimigo. Sem a Lua cheia, a negritude da noite, além de assustadora, era perigosa. Havia muitos predadores com sentidos aguçados e que poderiam atacar facilmente enquanto dormíamos. O frio intenso era outro inimigo. [...]

Até que, um dia, talvez ao observar uma árvore atingida por um raio, os hominídeos primitivos descobriram algo que modificaria completamente o rumo da nossa evolução [...]. Ao dominar essa entidade, foi possível se aquecer, proteger-se dos predadores e ainda cozinhar os alimentos. [...] conseguimos usar a nosso favor um fenômeno natural para ajudar a vencer as dificuldades diárias."

OLIVEIRA, Adilson. A descoberta que mudou a humanidade. *Ciência Hoje*, 16 jul. 2010. Disponível em <http://mod.lk/yjcln>. Acesso em 28 jun. 2018.

a) Qual é a descoberta abordada no texto? Quando ela teria ocorrido? Segundo os cientistas, qual espécie de hominídeo teria feito essa descoberta?

_____
_____
_____

b) Como, segundo o texto, essa descoberta pode ter acontecido? Que outras hipóteses poderiam explicar essa descoberta?

_____
_____
_____

c) Como você imagina que os grupos humanos primitivos reagiram ao fazer essa descoberta?

_____
_____

d) Que benefícios, segundo o texto, essa descoberta trouxe para a vida humana? Cite exemplos de como essa descoberta está presente em seu cotidiano.

_____
_____
_____
_____

9. Em 1908, uma estatueta de pouco mais de 11 centímetros foi encontrada pelo arqueólogo Josef Szombathy, em Willendorf, na Áustria-Hungria. A estatueta foi apelidada de Vênus de Willendorf, nome pelo qual ela se tornou famosa.

a) Complete a ficha sobre a Vênus de Willendorf.

Data aproximada em que foi feita.	
Data em que ela foi encontrada.	
Arqueólogo que encontrou a estatueta.	
Local onde a estatueta foi encontrada.	
Período da Pré-história da qual faz parte.	

Vênus de Willendorf, escultura de c. 25 mil anos atrás.

b) Segundo estudiosos, a figura feminina representada na estatueta devia ter uma função religiosa para a comunidade. Com base no que você estudou sobre a vida humana no Paleolítico, explique qual seria a função religiosa que essa figura poderia ter para os grupos humanos.

___

___

___

___

10. Na cruzadinha abaixo, encontre quatro palavras relacionadas à vida no período Neolítico.

R	A	C	E	O	T	G	F	I	Z	P	I
T	R	E	F	V	B	C	Y	J	K	I	P
S	E	D	E	N	T	A	R	I	S	M	O
B	S	N	R	O	E	G	R	R	Ç	H	N
G	R	Q	R	M	Ã	R	S	R	B	T	U
O	E	S	A	A	U	I	O	I	R	T	C
U	N	L	M	D	D	C	A	G	R	É	I
T	T	A	E	I	C	U	W	A	M	P	U
F	Z	Z	N	S	A	L	Y	Ç	I	O	R
H	F	B	T	M	H	T	T	Ã	O	J	A
C	X	A	A	O	U	U	B	O	K	H	E
Z	R	I	S	G	T	R	F	D	P	E	O
L	T	C	B	U	I	A	E	R	T	U	I
S	E	N	D	Ú	S	T	R	I	A	B	N
P	L	C	E	T	I	D	U	E	S	Z	O

11. Observe as características listadas no quadro abaixo e, depois, preencha a tabela classificando-as em Período Paleolítico, Período Neolítico ou Idade dos Metais.

> Início do uso do fogo   Surgimento da agricultura   Armas de ferro
> Origem do comércio   Utensílios de cobre e bronze
> Construção de monumentos megalíticos   Primeiras pinturas rupestres
> Transição para o sedentarismo   Modo de vida nômade
> Utensílios de lascas de pedra, madeira e ossos

Período Paleolítico	Período Neolítico	Idade dos Metais

12. Observe o mapa abaixo e responda às questões.

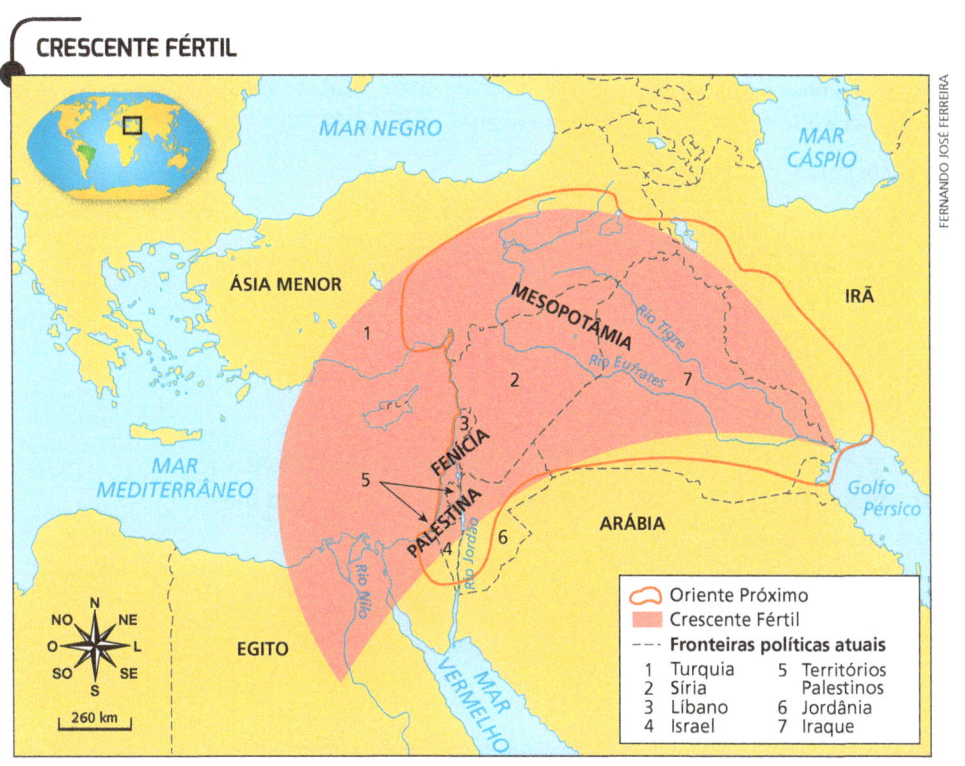

CRESCENTE FÉRTIL

Fonte: VIDAL-NAQUET, Pierre; BERTIN, Jacques. *Atlas histórico: da Pré-história aos nossos dias*. Lisboa: Círculo de Leitores, 1990. p. 39.

a) Qual é o significado do termo *Crescente Fértil*? E qual era a sua importância?

_____
_____
_____
_____

b) Escreva o nome dos rios que pertenciam à área do Crescente Fértil.

_____
_____

c) Consulte um mapa recente e escreva o nome atual dos países localizados na área do Crescente Fértil.

___

13. Escreva V (verdadeiro) ou F (falso) para cada afirmativa.

a) ( ) A contínua sedentarização das comunidades primitivas está relacionada com o desenvolvimento da agricultura.

b) ( ) Ao iniciar o cultivo da terra, os grupos humanos do período Neolítico deixaram de caçar para obter alimentos.

c) ( ) As pinturas e gravuras rupestres fazem parte da cultura, o mundo artificial criado ou transformado pelo homem.

d) ( ) A produção de excedentes por parte das comunidades primitivas está relacionada ao desenvolvimento de técnicas para aumentar o sucesso das caçadas e da pesca.

Agora, reescreva as afirmativas incorretas, corrigindo-as.

___

14. A agricultura e a domesticação de animais começaram a ser praticadas no Período Neolítico. A partir de então, muitas transformações ocorreram na vida dos seres humanos. Com base nessas informações, responda às questões a seguir.

a) Que mudança no modo de vida dos grupos humanos do Neolítico promovida com o surgimento da agricultura contribuiu para a formação das primeiras aldeias?

___

b) É possível afirmar que a prática da agricultura e a domesticação de animais foram fatores essenciais para o surgimento do comércio? Justifique a sua resposta.

___

c) Na sua opinião, qual é a importância da agricultura? Atualmente, essa atividade continua a ser essencial na vida das pessoas? Por quê?

___

15. Leia a história em quadrinhos a seguir e responda às questões.

Página da história *Era uma vez... o Horácio*, de Mauricio de Sousa, 2010.

a) Qual elemento dessa história em quadrinhos tem como base evidências científicas sobre a vida humana na Pré-história?

b) Que elemento desses quadrinhos não condiz com as pesquisas científicas sobre a vida humana na Pré-história?

c) Os dois últimos quadrinhos remetem a uma mudança importante ocorrida durante o Neolítico. Que mudança foi essa? Você acredita que essa mudança ocorreu da forma como se contou nesses quadrinhos? Explique.

UNIDADE 3 O POVOAMENTO DA AMÉRICA

RECAPITULANDO

A CHEGADA DO HOMEM À AMÉRICA

Os primeiros habitantes do continente americano não eram autóctones, ou seja, eles vieram de outras regiões do planeta. Chegou-se a essa conclusão porque, até o momento, não foi descoberto nenhum vestígio de hominídeos anteriores à espécie *Homo sapiens* na América.

O primeiro grande deslocamento humano se iniciou na África há cerca de 130 mil anos em direção a outros continentes. A segunda grande migração para fora da África começou há cerca de 80 mil anos e ocorreu de maneira lenta, entre vários pequenos grupos que se dispersavam provavelmente em busca de alimentos. Até a década de 1980, acreditava-se que a primeira migração de seres humanos para a América tivesse ocorrido há cerca de 11.500 anos. Chegou-se a essa datação com base nos estudos de vestígios encontrados no sítio arqueológico de Clóvis, no estado do Novo México, no sul dos Estados Unidos. Contudo, descobertas recentes de vestígios mais antigos que os de Clóvis, com cerca de 14.500 e 18.500 anos, foram feitas em vários sítios da América do Sul, como no de Los Toldos, na Argentina, e no de Monte Verde, no Chile.

Existem diversas teorias sobre as prováveis rotas de migração dos primeiros grupos humanos para a América. As principais delas estão representadas no mapa a seguir.

OS CAMINHOS DO SER HUMANO PARA A AMÉRICA

Fonte: DUBY, Georges. *Atlas histórico mundial*. Barcelona: Larousse, 2010. p. 14-15.

O crânio encontrado em Lagoa Santa, no Estado de Minas Gerais, batizado como Luzia, também forneceu informações importantes sobre o povoamento do continente americano. Pela reconstituição de sua face, os pesquisadores chegaram à conclusão de que Luzia parecia mais com os africanos e os aborígenes australianos do que com os asiáticos. Ou seja, o grupo de Luzia fez parte de uma onda migratória diferente das dos grupos que deram origem aos atuais povos indígenas do Brasil, que são mais parecidos com os asiáticos.

OS MODOS DE VIDA DOS ANTIGOS AMERÍNDIOS

Há cerca de 10 mil anos, quase todo o continente americano já era habitado.

Acredita-se que os primeiros habitantes da América viviam em pequenos grupos e se deslocavam constantemente em busca de alimentos. Para conseguir comida, esses grupos caçavam, pescavam e coletavam frutos.

As mudanças climáticas que aconteceram no continente com o fim da última era glacial, há cerca de 10 mil anos, elevaram a temperatura da Terra, e grande parte da camada de gelo existente derreteu, afetando a fauna. Em razão disso, os seres humanos precisaram se adaptar para garantir a sobrevivência.

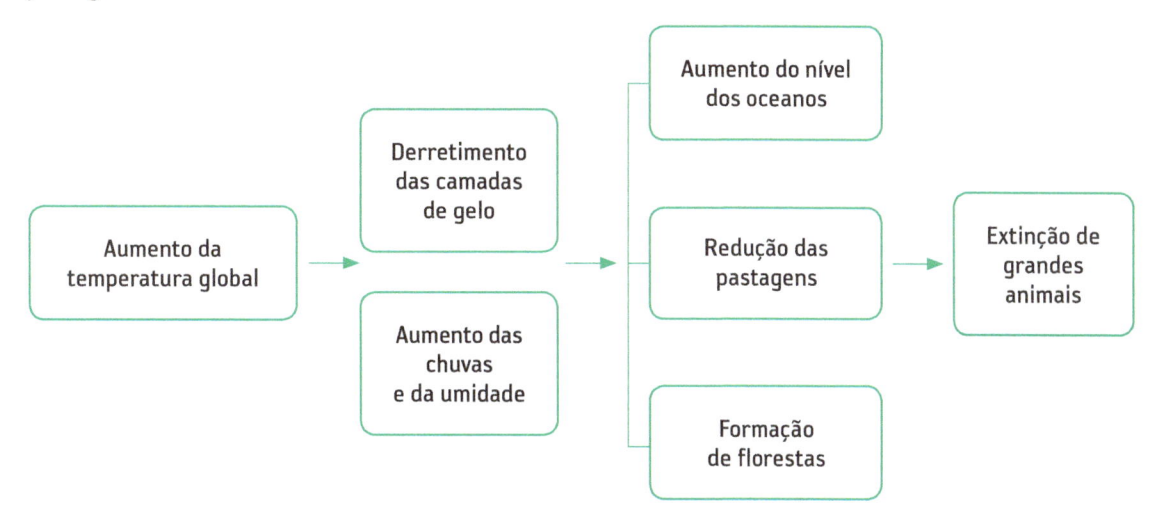

Aumento da temperatura global → Derretimento das camadas de gelo / Aumento das chuvas e da umidade → Aumento do nível dos oceanos / Redução das pastagens / Formação de florestas → Extinção de grandes animais

Acredita-se que a agricultura tenha sido iniciada no continente americano há aproximadamente 7 mil anos. Entre os primeiros produtos cultivados estavam feijão, pimentão, abóbora, tomate, milho e algodão.

Assim, as comunidades humanas se fixaram perto das áreas de cultivo, dando origem às primeiras aldeias, que, com o tempo, se transformaram em cidades.

OS MAIS ANTIGOS HABITANTES DO BRASIL

Sobre o início do povoamento da região que hoje corresponde ao Brasil também existem várias hipóteses. Até o momento, os pesquisadores aceitam a teoria de que o território é ocupado por humanos há pelo menos 12 mil anos.

Em pesquisas feitas no sítio arqueológico Boqueirão da Pedra Furada, no Piauí, foram descobertas centenas de artefatos de pedra lascada e pedaços de carvão vegetal, além de muitas pinturas rupestres. Para a arqueóloga Niède Guidon, esses objetos têm mais de 50 mil anos, mas essa teoria ainda é discutida.

Os primeiros habitantes do território que corresponde ao do Brasil atual eram caçadores e coletores. Na época em que eles viveram aqui, o clima era mais seco e frio, a vegetação era rasteira e havia poucas florestas. Eles habitavam locais a céu aberto, e se abrigavam sob rochas ou em cavernas, onde pintavam cenas de seu dia a dia. Estudos feitos em diferentes regiões trazem contribuições para conhecermos melhor esses primeiros habitantes.

Na costa brasileira e em áreas de rios e lagos, sobretudo no Sul e no Sudeste, foram encontrados muitos sambaquis, montes formados por restos orgânicos e de conchas, onde foram achados artefatos, e ossos humanos e de outros animais.

Os vestígios mais antigos de agricultura no atual território brasileiro foram encontrados na região amazônica. Os agricultores do Brasil pré-histórico cultivavam principalmente a mandioca.

TRANSFORMAÇÕES NA PAISAGEM AMAZÔNICA

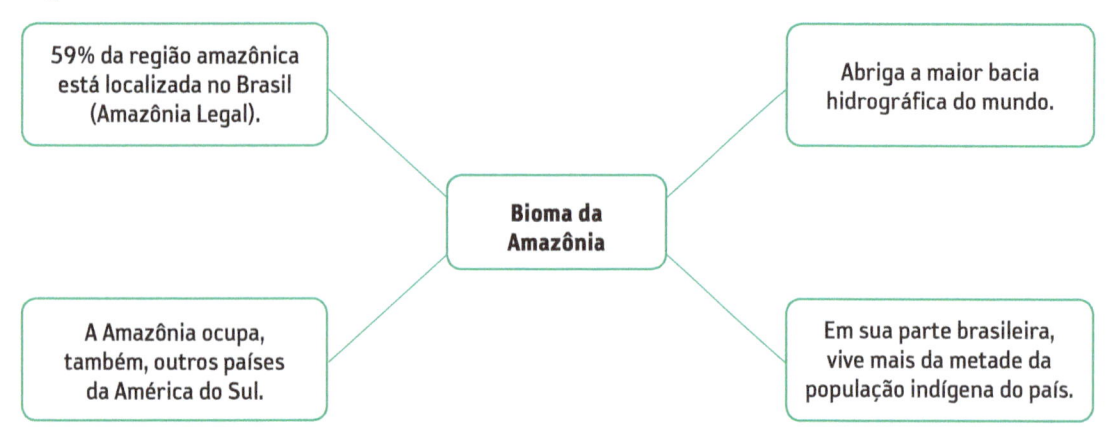

Algumas características do bioma da Amazônia:

- 59% da região amazônica está localizada no Brasil (Amazônia Legal).
- Abriga a maior bacia hidrográfica do mundo.
- A Amazônia ocupa, também, outros países da América do Sul.
- Em sua parte brasileira, vive mais da metade da população indígena do país.

Bioma da Amazônia

A região começou a ser ocupada há 11.200 anos. Os registros indicam que os primeiros grupos eram nômades e praticavam a caça, a coleta e a pesca.

Entre 4 mil e 3 mil anos atrás, esses povos iniciaram um processo de sedentarização, formando grandes aldeias, onde praticavam a agricultura, a caça, a pesca, a coleta e o artesanato.

Essas aldeias formavam grandes conglomerados, e os povos que viviam nelas desenvolveram complexas formas de produção e comercialização de alimentos e um refinado artesanato em cerâmica com finalidade ritual e comercial. Uma dessas sociedades complexas foi a civilização marajoara, que, no século IV, habitou a Ilha de Marajó, no atual Pará.

Ainda hoje, na região amazônica, são consumidas frutas que já existiam há 11 mil anos, pois as comunidades locais mantêm tradições de seus antepassados e preservam o meio em que vivem. Entretanto, fatores como o agronegócio (principalmente), a exploração ilegal de madeira e assentamentos do programa de reforma agrária promovem o desmatamento constante do local.

Teste e aprimore seus conhecimentos com as atividades a seguir.

1. Classifique as afirmativas a seguir em verdadeiras (V) ou falsas (F).

    a) ( ) Os primeiros habitantes da América eram autóctones, ou seja, eram nativos da região.

    b) ( ) As primeiras dispersões humanas se iniciaram na África em direção aos outros continentes.

    c) ( ) Os estudos feitos no sítio de Clóvis comprovam que os primeiros habitantes da América chegaram a esse continente há 11.500 anos.

    d) ( ) Os primeiros habitantes da América viviam em pequenos grupos nômades, caçavam, pescavam e faziam coletas de frutos e raízes para sobreviver.

2. Quais são as principais teorias sobre a chegada dos primeiros seres humanos à América?

_____
_____
_____
_____
_____

3. Classifique as afirmativas a seguir em verdadeiras (V) ou falsas (F).

   a) (   ) A fauna do Brasil pré-histórico tinha animais muito maiores que os de hoje e a vegetação apresentava menos áreas florestais.

   b) (   ) Ao contrário de outros povos americanos, os habitantes do Brasil pré-histórico não conheciam a cerâmica e eram nômades.

   c) (   ) Os sambaquis são formações naturais sem nenhuma função para os homens pré-históricos que habitavam o litoral.

   d) (   ) A agricultura no Brasil começou a ser praticada na região amazônica, e seu principal produto era a mandioca.

4. Leia a tirinha a seguir e responda às questões.

   Tira dos personagens Frank & Ernest, do cartunista Bob Thaves, 2013.

   a) Qual seria o objetivo dos personagens representados na tirinha ao atravessar o Estreito de Bering?

   b) Segundo as evidências científicas, as duas figuras da tirinha podem representar qualquer uma das espécies do gênero *Homo*? Justifique.

   c) O personagem da tirinha afirma que, se algo não der certo, os dois poderiam voltar para a Ásia pelo Estreito de Bering, um dos prováveis caminhos percorridos por grupos humanos para entrar na América. Expliquem por que hoje em dia seria impossível fazer esse caminho a pé.

d) Ainda que a cena da tirinha represente a migração para a América por uma rota aceita pelos estudiosos, há algumas afirmações na fala do personagem que nunca poderiam ter sido ditas quando a América começou a ser povoada. Identifique quais são e justifique.

_____
_____
_____
_____

5. Complete o parágrafo a seguir corretamente.

Há cerca de _____, quase toda a América já era habitada. Os primeiros americanos não viviam em lugares fixos, ou seja, seu modo de vida era _____. Para conseguir alimento, eles _____, _____ e coletavam _____ e _____. Quando começaram a cultivar a terra, os grupos passaram a se fixar em um local por mais tempo, formando _____, que com o passar do tempo se transformaram em _____.

6. Encontre na cruzadinha seis produtos cultivados pelos primeiros grupos agricultores na América.

R	C	C	P	Ó	T	G	F	I	Z	P	I	E
T	F	E	I	J	Ã	O	Y	J	K	I	B	S
S	E	B	M	V	T	E	R	I	P	M	E	R
B	X	N	E	O	E	G	R	K	Ç	H	T	I
G	C	Q	N	M	Ã	E	S	R	B	T	O	A
O	E	S	T	A	U	I	O	I	R	T	M	U
B	B	L	Ã	D	D	T	A	R	R	É	A	S
A	L	G	O	D	Ã	O	W	A	M	P	T	V
T	R	Z	T	S	A	M	M	J	M	O	E	E
Â	F	B	X	M	M	A	I	D	I	O	C	Á
T	T	A	R	O	U	Z	L	O	L	H	E	R
A	R	I	E	G	T	X	H	D	H	E	O	M
L	C	C	A	B	Ó	B	O	R	A	U	I	S

7. Analise a imagem a seguir e assinale as informações que correspondem a ela.

Sambaqui no município de Laguna, no litoral do Estado de Santa Catarina. Foto de 2014.

a) ( ) Os sambaquis foram formados pelo acúmulo de restos orgânicos, de conchas e de artefatos primitivos.

b) ( ) Nos sambaquis foram encontrados vestígios da prática da agricultura pelos povos primitivos da América.

c) ( ) A maior parte dos sambaquis está localizada nas regiões Sul e Sudeste.

d) ( ) A minoria dos sambaquis se localiza em áreas litorâneas.

8. Complete a ficha com informações sobre os primeiros habitantes da Amazônia e as transformações ocorridas na região.

Amazônia: primitivos habitantes e transformações na paisagem
Início da ocupação da região:
Características dos primeiros habitantes:
Início da domesticação de espécies na floresta:
Início da sedentarização:
Consequências da sedentarização:

9. Analise a imagem e responda às questões.

Pintura rupestre da Toca da Entrada do Pajaú. Parque Nacional da Serra da Capivara, Piauí. Foto de 2000.

a) O que os primitivos habitantes do território que hoje corresponde ao Brasil costumavam pintar nos paredões rochosos?

_____

_____

_____

b) Descreva a cena representada na imagem. O que isso indica sobre os primeiros habitantes do Brasil?

_____

_____

_____

10. Qual era a finalidade do artesanato em cerâmica produzido pelos povos que habitavam a região amazônica? Cite uma sociedade que produzia cerâmica.

_____

_____

_____

_____

11. Analise as imagens abaixo e responda às questões.

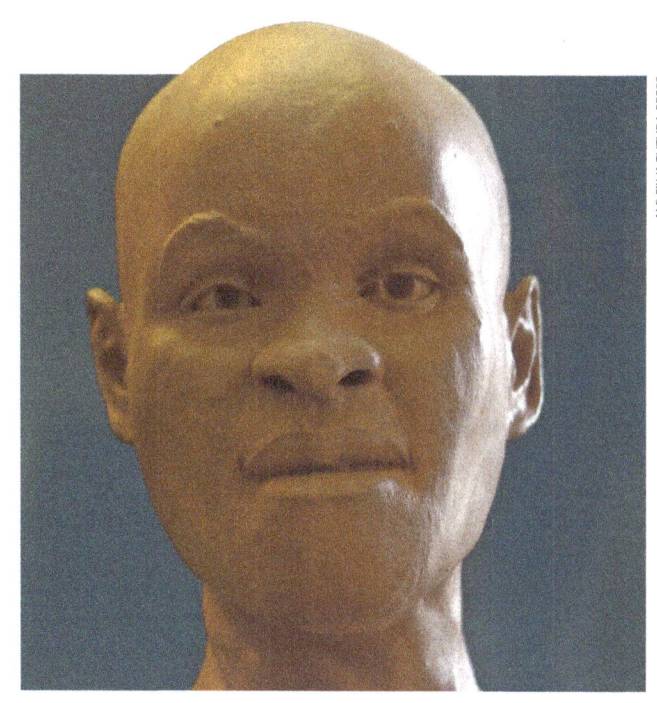

À esquerda, indígena Yanomami participa de festa tradicional. Santa Isabel do Rio Negro, Amazonas. Foto de 2017; à direita, crânio reconstruído de Luzia, exposto no Museu Nacional. Rio de Janeiro (RJ), 2013.

a) Que diferenças existem entre os traços físicos da indígena brasileira atual e os de Luzia?

_____
_____
_____
_____
_____

b) O que essas diferenças indicam sobre o povoamento da América?

_____
_____
_____
_____
_____
_____

c) Analise o mapa da página 20 e identifique a possível rota do povo de Luzia para o continente americano.

_____
_____
_____

12. Leia o texto a seguir e responda às questões.

"Estamos apenas começando a conhecer a profundidade cronológica da arte rupestre brasileira. Em abrigos rochosos nos estados do Piauí e Minas Gerais, por exemplo, os arqueólogos encontraram fragmentos de parede com pinturas e blocos de pedra com gravuras, vestígios soterrados por camadas de sedimentos que datam de 7 mil a 9 mil anos. Nessas mesmas regiões, foi possível datar diretamente as próprias figuras e confirmar sua grande antiguidade. Entretanto, a crescente exploração econômica das jazidas minerais brasileiras, a rápida expansão da urbanização e o desenvolvimento do turismo em áreas não urbanas têm ameaçado esse milenar patrimônio cultural devido à carência de informação e proteção. Falta-nos conhecer o passado pré-histórico deste país para que possamos preservar seus vestígios materiais e garantir que eles sobrevivam por outros milênios. Vale lembrar inclusive que, segundo a Constituição Federal, os vestígios de populações do passado são bens da União, pelos quais somos todos responsáveis."

JORGE, Marcos (Org.). Brasil rupestre: arte pré-histórica brasileira.
Curitiba: Zencrane, 2007. p. 114.

a) Que descoberta arqueológica é mencionada no texto? Que informação o autor apresenta sobre essa descoberta?

b) Segundo o texto, que ações humanas têm ameaçado os vestígios do passado pré-histórico brasileiro?

c) Além da falta de proteção das autoridades, o autor apresenta outra razão para explicar a degradação do patrimônio arqueológico brasileiro. Que razão é essa? Você concorda com a opinião do autor sobre esse assunto? Por quê?

13. As afirmativas a seguir se referem a quais sítios arqueológicos? Encontre as respostas no caça-palavras.

a) Os objetos encontrados no local foram considerados por muito tempo os mais antigos já descobertos no continente americano.

b) Sítio arqueológico onde foi encontrado o crânio de "Luzia, a primeira brasileira".

c) As escavações foram conduzidas pela pesquisadora Nièdo Guidon.

d) As descobertas feitas no local fortaleceram a hipótese de que a ocupação da América do Sul pode ter sido anterior à da América do Norte.

B	X	P	E	D	O	V	A	D	T	A	A	E	A	L	Z
C	R	O	V	C	L	M	B	M	D	S	C	L	A	O	O
L	A	G	O	S	T	Ó	O	U	J	L	M	G	D	V	R
Ó	O	Z	T	A	D	N	Q	N	R	H	O	O	W	I	R
V	G	R	A	E	D	R	E	V	K	A	N	A	S	C	U
I	O	A	A	T	N	Y	I	L	S	D	T	H	B	Ó	D
S	R	C	D	R	U	S	C	A	V	W	I	A	L	S	N
A	T	V	J	R	M	O	N	T	E	V	E	R	D	E	R
C	E	R	A	B	O	T	B	U	F	S	D	E	U	H	A
B	P	E	D	R	A	F	U	R	A	D	A	S	R	C	T

Leia o texto a seguir sobre as novas descobertas acerca da ocupação humana na América e responda às questões **14** a **16**.

"Há 130 mil anos havia hominídeos quebrando ossos de mastodonte para extrair tutano ou fabricar ferramentas e outros objetos na região onde hoje é San Diego, no sul da Califórnia [...]. A afirmação, altamente controversa, baseia-se em conclusões de um estudo liderado por pesquisadores do Centro para Pesquisa Paleolítica Americana, nos Estados Unidos (Nature, 27 de abril [2017]). O grupo analisou um conjunto de ossos do animal extinto encontrados em 1992 em uma obra de estrada. Surpreendentemente, junto do material havia pedras do tipo usado por humanos pré-históricos para quebrar objetos duros. As marcas e as características das fraturas presentes nos ossos grandes do animal, como o fêmur, indicam que eles foram partidos de forma proposital, ainda frescos, enquanto costelas e vértebras, mais delicadas, permaneceram intactas. De acordo com os pesquisadores, o bom estado de preservação dos ossos menores e o fato de o material estar concentrado em um mesmo lugar descartam a possibilidade de o movimento das águas de um antigo rio que passava por ali ter sido o responsável por esse padrão de disposição dos fósseis. Os únicos candidatos para a ação de quebra dos ossos maiores seriam hominídeos [...]. A grande surpresa do estudo foi obter para o esqueleto de mastodonte uma idade de mais de 100 mil anos anterior ao mais antigo registro de humanos, da espécie *Homo sapiens*, nas Américas. [...] O achado causou rebuliço entre arqueólogos e bioantropólogos, pois sugere uma revisão completa de quando os hominídeos chegaram à América."

Ossos partidos de mastodonte sugerem presença de hominídeos na Califórnia há 130 mil anos. *Revista Pesquisa Fapesp*, 255. ed., maio 2017. Disponível em <http://mod.lk/gc631>. Acesso em 28 jun. 2018.

14. Assinale a alternativa que completa a frase corretamente.

Segundo as recentes análises de vestígios pré-históricos encontrados em San Diego, nos Estados Unidos,

a) confirmou-se que os primeiros grupos humanos chegaram à América entre 13 mil e 15 mil anos, como indicavam os fósseis descobertos no sítio Debra L. Friedkin, no Texas.

b) a ocupação humana do continente americano pode ter ocorrido há mais de 100 mil anos, entrando em choque com as datações mais aceitas na atualidade entre os arqueólogos.

c) havia animais da megafauna apenas na América do Norte e eles eram o principal alimento dos grupos humanos que viviam na região, como comprova a datação dos fósseis encontrados.

d) as marcações dos ossos de mastodonte encontrados não teriam sido feitas pela ação humana, mas sim pela ação da natureza, no caso, de um rio que passava na área.

e) primatas teriam partido ossos de mastodonte de forma proposital para fabricar artefatos sofisticados.

15. Com base na nova descoberta apontada na reportagem, é possível dizer que a história está em constante construção? Justifique.

16. É possível afirmar que os resultados das análises dos achados em San Diego confirmam a hipótese levantada pela arqueóloga Nièdi Guidon em relação aos vestígios encontrados no Boqueirão da Pedra Furada (PI)? Explique.

UNIDADE 4 MESOPOTÂMICOS, EGÍPCIOS E AMERICANOS

RECAPITULANDO

MESOPOTÂMIA: TERRA ENTRE RIOS

As primeiras **civilizações** se desenvolveram na região chamada Mesopotâmia, território entre os rios Tigre e Eufrates.

Os grupos que se estabeleceram lá desenvolveram formas de utilizar os recursos naturais na agricultura e na criação de animais, o que favoreceu o aumento populacional e a formação das aldeias e das cidades.

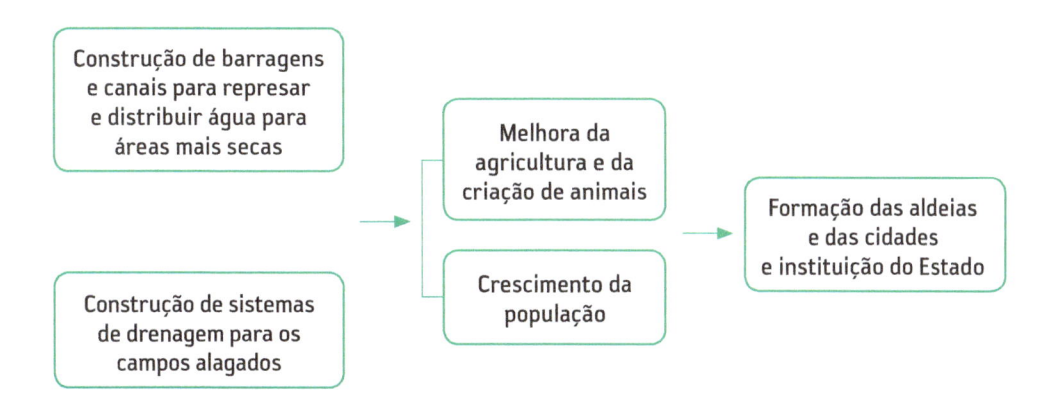

- Construção de barragens e canais para represar e distribuir água para áreas mais secas
- Construção de sistemas de drenagem para os campos alagados

→ Melhora da agricultura e da criação de animais
→ Crescimento da população
→ Formação das aldeias e das cidades e instituição do Estado

As cidades da Mesopotâmia eram independentes umas das outras. Por isso, utiliza-se o termo **cidades-Estado** para referir-se a elas. As mais antigas foram fundadas pelos sumérios, no sul da região. Eles desenvolveram o arado e a roda, e acredita-se que tenham inventado a escrita.

A escrita suméria era formada por sinais gravados na argila. Como esses sinais eram grafados com uma cunha (instrumento com ponta em ângulo agudo), essa forma de escrita ficou conhecida como **cuneiforme**.

Os povos mesopotâmicos conquistaram muitos territórios, formando impérios: o Império Acádio, que incorporou muitas práticas sumerianas, o Primeiro Império Babilônico, no qual foi desenvolvido o Código de Hamurábi (leis), o Império Assírio, que tinha alta capacidade militar, e o Segundo (ou Novo) Império Babilônico, dominado pelos caldeus.

O mapa ao lado representa a localização de cada um desses impérios, além da região ocupada pela civilização suméria.

Fontes: VIDAL-NAQUET, Pierre; BERTIN, Jacques. *Atlas histórico: da Pré-história aos nossos dias.* Lisboa: Círculo de Leitores, 1990. p. 9; VICENTINO, Cláudio. *Atlas histórico:* geral e Brasil. São Paulo: Scipione, 2011. p. 34.

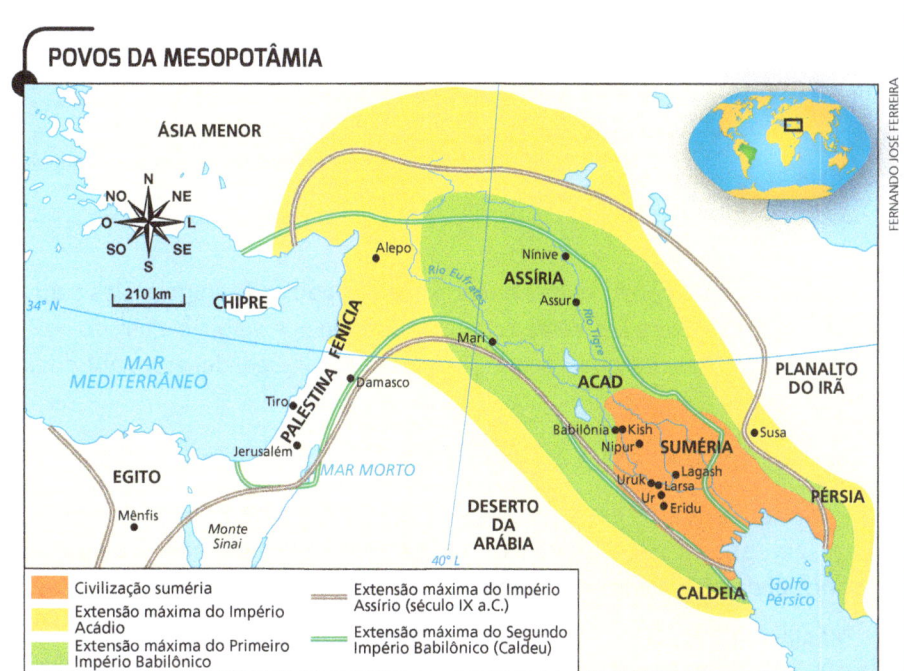

POVOS DA MESOPOTÂMIA

- Civilização suméria
- Extensão máxima do Império Acádio
- Extensão máxima do Primeiro Império Babilônico
- Extensão máxima do Império Assírio (século IX a.C.)
- Extensão máxima do Segundo Império Babilônico (Caldeu)

As sociedades mesopotâmicas apresentavam **distinções sociais** que dependiam da origem familiar, do trabalho exercido pelos indivíduos e do local onde viviam. Os escravos (em geral, prisioneiros de guerra) eram minoria. Os povos mesopotâmicos eram **politeístas**, ou seja, acreditavam em vários deuses, e a base da sua economia era a **agricultura**.

EGITO: TERRA DOS FARAÓS

Os primeiros grupos humanos começaram a se instalar no vale do **Rio Nilo** por volta de 6000 a.C. Percebendo os períodos de cheia e vazante do Nilo, passaram a planejar suas atividades.

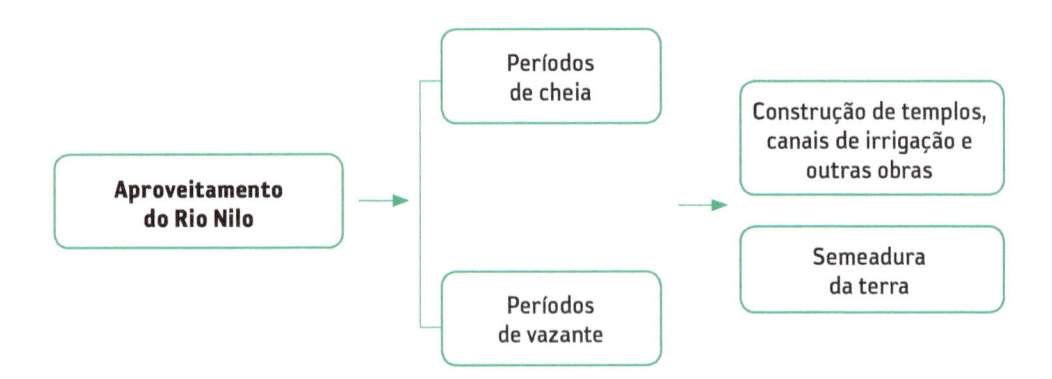

Aproveitamento do Rio Nilo →
- Períodos de cheia
- Períodos de vazante

→
- Construção de templos, canais de irrigação e outras obras
- Semeadura da terra

Diante da necessidade de organizar a irrigação, as comunidades formaram grupos maiores, os **nomos**, que rapidamente cresceram e deram origem aos reinos do Alto Egito (sul) e do Baixo Egito (norte).

O rei Menés liderou a unificação dos reinos e, por isso, é considerado o primeiro **faraó**. Além de ser o rei, o faraó era o sumo sacerdote do Egito antigo e considerado um deus encarnado. Ele nomeava pessoas responsáveis por diferentes atividades relacionadas à administração do império.

	Atividades
Vizir	Presidia o tribunal de justiça; chefiava a polícia e os assuntos externos; controlava a arrecadação de impostos.
Sacerdotes	Administravam os templos e os serviços religiosos.
Escribas	Registravam os impostos arrecadados; faziam o censo da população, dos animais e das colheitas.

Os camponeses constituíam a maior parte da população egípcia. Eles cultivavam a terra, além de realizar outras atividades, como construir pirâmides e servir o exército na época das campanhas militares (ocasiões nas quais escravos, minoria na sociedade, eram obtidos).

A VIDA E A MORTE NO EGITO ANTIGO

Os antigos egípcios eram politeístas e acreditavam na vida após a morte. Para que as pessoas pudessem continuar sua existência pós-morte, os egípcios realizavam várias práticas funerárias. A principal delas era a **mumificação**.

No Egito antigo, eram utilizadas várias formas de escrita, como a hieroglífica (com desenhos e sinais), a hierática (mais simples, usada no cotidiano) e a demótica (popular e ainda mais simples).

PRIMEIRAS CIVILIZAÇÕES AMERICANAS

A primeira civilização do continente americano se desenvolveu na região correspondente à do atual Peru: a civilização de **Caral**.

Tão antiga quanto as civilizações mesopotâmicas e egípcia, Caral tinha diversas pirâmides, e seus habitantes viviam basicamente da pesca e da agricultura.

Outra antiga cultura da região dos Andes era **Chavín de Huantar**, que existiu por volta de 1000 a.C. Alguns dos principais traços dessa civilização eram suas construções monumentais e sua cerâmica, que foi copiada em diversas regiões dos Andes Centrais.

Depois de pelo menos mil anos da formação da civilização de Caral, na América do Sul, outros povos habitaram a Mesoamérica, na região da América Central e do Norte. O modo de vida mesoamericano apresentava características como a utilização do milho como base alimentar, o culto aos deuses em centros cerimoniais, a construção de grandes pirâmides, o uso de um sistema de calendário específico e o desenvolvimento de escritas que combinavam cenas figuradas e desenhos.

Por volta de 400 a.C., a cidade de **Teotihuacán** destacou-se como a mais poderosa da Mesoamérica, com uma população de 50 mil pessoas. Por meio do contato com outros povos, seus costumes foram difundidos em outras regiões.

POVOS DA MESOAMÉRICA (c. 1200 a.C.-1000 d.C.)

Fontes: Tiempo mesoamericano (2500 a.C.-1521 d.C.). *Arqueología Mexicana. Edición especial.* México: Raíces/Instituto Nacional de Antropología e Historia, 2001. p. 23, 29, 51; AUSTIN, Alfredo López; LUJÁN, Leonardo López. *El pasado indígena*. 2. ed. Cidade do México: FCE, COLMEX, FHA, 2001. p. 72.

Teste e aprimore seus conhecimentos com as atividades a seguir.

1. Sobre as primeiras civilizações conhecidas, assinale a afirmação correta.

   a) Formaram-se na região do Rio Nilo e eram governadas por faraós.
   b) Localizavam-se na Mesoamérica e eram centros cerimoniais.
   c) Localizavam-se nos Andes Centrais, e a mais conhecida é Caral.
   d) Formaram-se na Mesopotâmia, e a agricultura era a base de sua economia.

2. Leia o texto e responda às questões.

"A escrita foi inventada no Oriente Próximo antigo com o intuito de registrar as atividades comerciais. Com o crescimento das economias centralizadas, os funcionários dos palácios e dos templos sentiram a necessidade de manter o controle das quantidades de cereal e das cabeças de carneiro e gado que entravam nos celeiros e fazendas, ou que saíam deles. Era impossível depender da memória de um homem para cada item; assim, tornou-se necessário um novo método que mantivesse registros confiáveis."

HOOKER, J. T. e outros. *Lendo o passado*: de cuneiforme ao alfabeto: a história da escrita antiga. São Paulo: Edusp/Melhoramentos, 1996. p. 21.

a) Que atividades motivaram a invenção da escrita?

_____

_____

b) Que limitação humana tornou necessária a invenção da escrita?

_____

_____

c) Qual foi a vantagem da invenção da escrita?

_____

_____

d) A que povo é atribuída a invenção da escrita?

_____

3. Indique três características comuns aos povos mesopotâmicos e aos egípcios.

_____

_____

4. Ligue as características da coluna da esquerda a seus respectivos povos na coluna da direita.

- Desenvolveram a escrita cuneiforme.
- Por ordem de seu governante, organizou-se o conjunto mais completo de leis da Antiguidade, o Código de Hamurábi.
- Destacaram-se pela atividade militar.
- Sua capital, com grandes templos, palácios, muralhas e torres, era um dos maiores centros comerciais e culturais da Antiguidade.
- Fundaram as primeiras cidades na Mesopotâmia.

Sumérios

Assírios

Babilônios

5. Leia o trecho do Código de Hamurábi a seguir para responder às questões.

"Se um homem cegou o olho de um homem livre, o seu próprio olho será cego.

Se um homem cegou o olho de um plebeu, ou quebrou-lhe o osso, pagará uma mina de prata.

Se cegou o olho de um escravo, ou quebrou-lhe um osso, pagará metade de seu valor.

Se um homem tiver arrancado os dentes de um homem da sua categoria, os seus próprios dentes serão arrancados."

Trecho do Código de Hamurábi. In: *Coletânea de documentos históricos para o 1º grau: 5ª a 8ª séries*. São Paulo: Secretaria de Educação/Cenp, 1980. p. 57.

a) Que característica da sociedade babilônica o documento revela? Sublinhe passagens do texto que justifiquem a sua resposta.

___

b) Por que leis como as do Código de Hamurábi não são admitidas na nossa sociedade?

___

___

___

___

c) Qual é a função das leis para uma sociedade?

___

___

6. Complete o parágrafo a seguir corretamente.

Os povos antigos do Egito estabeleceram-se no vale do _____

em cerca de _____. Durante os períodos de cheia, eles trabalhavam

na _____.

Nos períodos de _____, eles semeavam a terra.

7. Associe cada termo a seu significado.

a) Politeísmo ⬜ Responsável por registros e serviços administrativos.

b) Cidade-Estado ⬜ Unidade formada por conquistas territoriais.

c) Império ⬜ Governo próprio e independente.

d) Faraó ⬜ Rei e sumo sacerdote do Egito antigo, considerado um deus encarnado.

e) Escriba ⬜ Crença em mais de um deus.

8. Classifique as afirmativas a seguir em verdadeiras (V) ou falsas (F).

a) (　) As comunidades do vale do Nilo, no Egito, formaram os nomos, que deram origem ao Alto Egito e ao Baixo Egito.

b) (　) O rei Menés, primeiro faraó do Egito, fundou a realeza faraônica quando o Alto Egito e o Baixo Egito se separaram.

c) (　) O faraó do Egito era considerado uma pessoa comum, sem poderes ou atribuições especiais.

d) (　) No Egito antigo, eram utilizadas várias formas de escrita, como a hieroglífica, a hierática e a demótica.

e) (　) Os camponeses do Egito também realizavam atividades como a construção de pirâmides.

9. Na tirinha a seguir, há uma referência bem-humorada à arqueologia egípcia. Analise-a e faça o que se pede.

Frank & Ernest, do cartunista Bob Thaves, 2009.

a) Explique a resposta do aluno.

b) Qual era a importância da mumificação para os egípcios da Antiguidade?

c) Em sua opinião, qual é a importância das múmias para a arqueologia e a história?

10. Marque C para as informações sobre Caral e H para as informações sobre Chavín de Huantar, duas antigas civilizações da região dos Andes peruanos.

a) ( ) Foi um centro político-cerimonial formado por volta de 1000 a.C.
b) ( ) É tão antiga quanto as civilizações da Mesopotâmia e do Egito.
c) ( ) Foi a primeira civilização da região, e existiu há, pelo menos, 5 mil anos.
d) ( ) Exerceu influência cultural em povos de outras regiões.

11. Complete o esquema abaixo, sobre os povos da Mesoamérica.

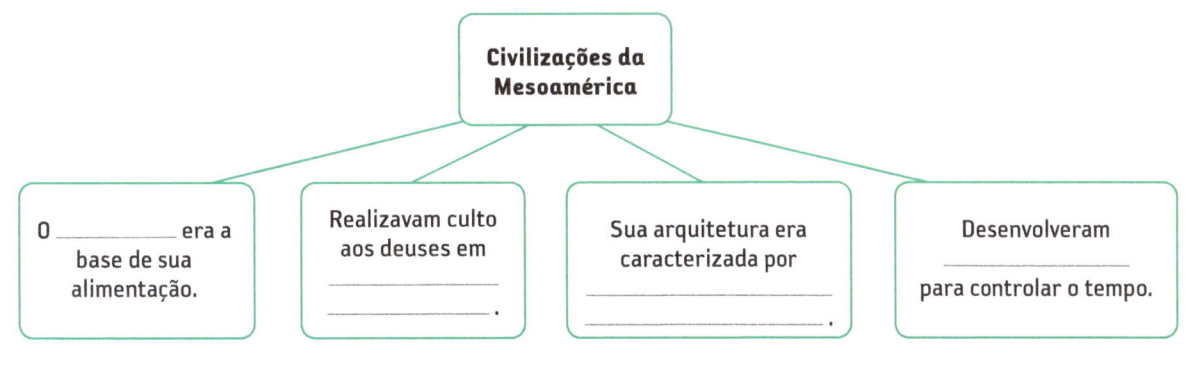

Civilizações da Mesoamérica
- O _____ era a base de sua alimentação.
- Realizavam culto aos deuses em _____.
- Sua arquitetura era caracterizada por _____.
- Desenvolveram _____ para controlar o tempo.

12. Classifique as afirmativas a seguir em verdadeiras (V) ou falsas (F).

a) ( ) Acredita-se que Caral tenha sido um centro cerimonial, e seu conjunto arquitetônico possui sete grandes pirâmides.
b) ( ) Uma das provas da influência cultural de Chavín de Huantar sobre a região dos Andes Centrais foi a difusão de sua cerâmica.
c) ( ) Os centros cerimoniais mais antigos encontrados até o momento na Mesoamérica foram construídos pelos olmecas entre 1400 e 1200 a.C.
d) ( ) A Mesoamérica é uma área geográfica-cultural da América que se estende do sul do México até a América do Norte, no atual território canadense.

13. Leia as afirmativas a seguir sobre a Mesoamérica e insira as respostas na cruzadinha.

1. Principal alimento consumido pelos povos mesoamericanos.
2. Criaram calendários com base na observação dos astros celestes e seu principal centro cerimonial era La Venta.
3. Seu principal centro cerimonial, Monte Albán, é considerado a primeira cidade mesoamericana.
4. Cidade mais poderosa da Mesoamérica, chegou a ter 50 mil habitantes no século V.

UNIDADE 5 GRÉCIA E ROMA ANTIGAS

RECAPITULANDO

A CIVILIZAÇÃO GREGA

A Grécia antiga era um conjunto de cidades (**pólis**), espalhadas pelos territórios banhados pelos mares Mediterrâneo e Egeu. Elas apresentavam aspectos culturais comuns, como a língua, crenças etc., mas eram politicamente independentes umas das outras; por isso, eram chamadas **cidades-Estado**.

Nas pólis, apenas os membros da aristocracia – camada social rica e com privilégios adquiridos desde o nascimento – eram considerados cidadãos. Eles podiam interferir no governo das cidades, que eram comandadas por reis.

Os aristocratas possuíam as melhores terras, e os camponeses trabalhavam para eles. Os camponeses endividados tornavam-se escravos.

A partir do século IX a.C., com o rápido crescimento populacional, começaram a faltar alimentos nas pólis. Para ampliar a produção agrícola, entre os séculos VIII a.C. e VI a.C., os gregos saíram em busca de outras terras, fundando colônias no sul da Europa, no norte da África, na Ásia Menor e na costa do Mar Negro.

CULTURA E POLÍTICA EM ESPARTA E ATENAS

Esparta e Atenas eram duas das principais cidades-Estados gregas e tinham formas bastante diferentes de organização.

A cidade de Esparta foi fundada pelos dórios. A sociedade espartana era militarizada, e apenas os esparciatas (descendentes dos dórios) podiam exercer o comando militar e o governo da cidade. Assim, o regime político em Esparta era **oligárquico**, ou seja, exercido por poucos.

O governo espartano era organizado da seguinte forma: dois **reis** comandavam o exército e realizavam tarefas sacerdotais; a **Gerúsia** era um conselho formado pelos dois reis e por 28 cidadãos com mais de 60 anos que formulavam as leis; os **éforos** eram cidadãos que formavam um comitê para supervisionar as atividades políticas e julgavam crimes graves; a **ápela** era formada por cidadãos com mais de 20 anos, que votavam as leis.

Socialmente, Esparta era organizada da seguinte maneira:

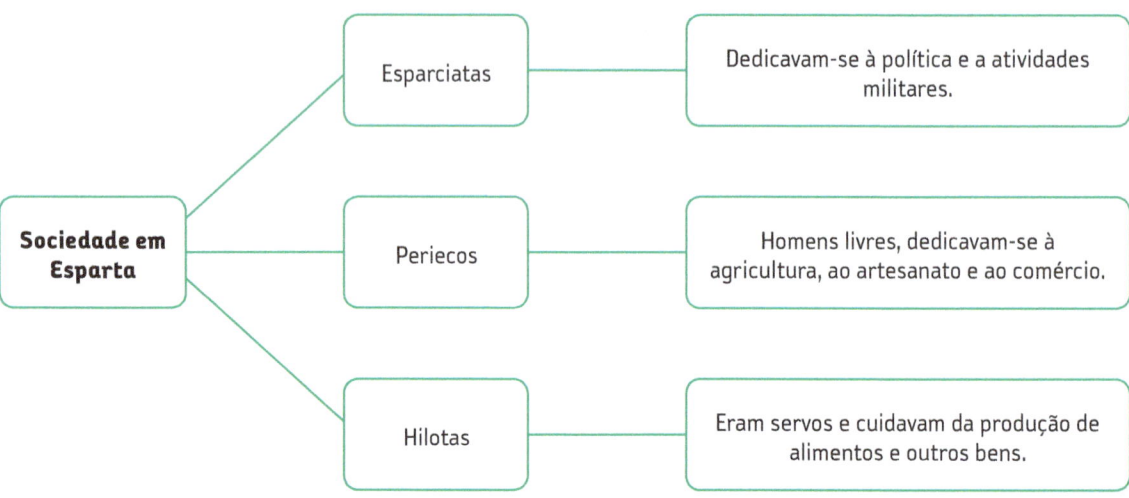

Sociedade em Esparta
- **Esparciatas**: Dedicavam-se à política e a atividades militares.
- **Periecos**: Homens livres, dedicavam-se à agricultura, ao artesanato e ao comércio.
- **Hilotas**: Eram servos e cuidavam da produção de alimentos e outros bens.

Em Atenas, o modelo de cidade era diferente. Até o século VI a.C., era governada por uma **aristocracia** formada por grandes proprietários rurais, que se dedicavam à política e elegiam os magistrados, enquanto seus **escravos** trabalhavam nas minas, na agricultura, no artesanato e nas atividades domésticas. Também havia o *demos* (povo), formado pelos camponeses, pelos artesãos e pelos comerciantes, e os **metecos**, que eram os estrangeiros e seus descendentes.

No início do século VI a.C., os conflitos entre os integrantes do *demos*, insatisfeitos com o governo, e a aristocracia ficaram mais intensos. Assim, algumas reformas foram promovidas pelo magistrado Sólon, como a criação da **Eclésia**, assembleia da qual podiam participar todos os cidadãos de Atenas, e a **Bulé**, conselho composto de quatrocentos homens que elaboravam as leis para ser votadas.

Apesar das reformas, a maioria da população continuava excluída da vida política ateniense. Somente a partir da magistratura de Clístenes, o *demos* passou a ter participação política, e a democracia foi implantada na cidade. No entanto, só eram considerados **cidadãos** os homens adultos filhos de pais atenienses.

Em Esparta, a educação dos homens era voltada, desde a infância, ao aprendizado para a guerra: aos 7 anos, os meninos passavam a viver em quartéis, onde recebiam formação militar. As mulheres participavam ativamente da vida da pólis e eram respeitadas pela sociedade, pois tinham a capacidade de gerar guerreiros.

Já em Atenas, os meninos filhos de cidadãos aprendiam atividades como ler e escrever e, na juventude, discutiam filosofia e política, além de receber preparação militar para atuar na vida política. As meninas eram educadas para a vida doméstica, para o casamento e para a maternidade.

Os gregos antigos eram politeístas. Seus deuses e deusas estavam associados a aspectos da natureza ou da vida humana, e acreditava-se que eles podiam até se relacionar com os humanos. Os **oráculos** eram os sacerdotes que aconselhavam os gregos.

Outro aspecto importante da cultura grega na Antiguidade era a arte, na qual se destacavam a escultura, que representava o corpo humano de maneira bastante realista, e a oratória, ou seja, a arte de falar bem para convencer o público.

ROMA: DA MONARQUIA À REPÚBLICA

Acredita-se que a cidade tenha sido formada por volta do século VIII a.C., no mesmo período em que os gregos iniciaram a ampliação de seus domínios territoriais.

A história da Roma antiga pode ser dividida em três períodos: o da monarquia, o da república e o do império.

Durante a **monarquia**, a estrutura social dividia-se entre os **patrícios** – ricos proprietários de terra e gado (formavam a aristocracia) –, os **plebeus** – trabalhadores do comércio, agricultura e artesãos, obrigados a servir o exército –, os **clientes** – que podiam ser patrícios ou plebeus, e juravam fidelidade ao patrono, chefe de outra família – e os **escravos**, que formavam uma pequena camada da sociedade. Durante o período monárquico, a cidade de Roma cresceu e urbanizou-se.

Na **república** (em latim, *res publica*, que significa "coisa pública"), iniciada em 509 a.C., os reis foram substituídos por dois cônsules, auxiliados por magistrados e pelas assembleias divididas em: **assembleia por cúrias** (formada de acordo com local de origem ou residência), **assembleia por centúrias** (formada com base na riqueza e na atuação no exército) e **assembleia da plebe** (formada por plebeus).

Os magistrados eram patrícios eleitos pelos cidadãos. Como não havia remuneração, apenas os patrícios mais ricos podiam desempenhar a função de magistrado.

A partir do século V a.C., os plebeus rebelaram-se reivindicando mais participação política. Conquistaram, então, direitos políticos, vários deles garantidos na **Lei das Doze Tábuas**, de 450 a.C.

EXPANSÃO E CRISE SOCIAL NA REPÚBLICA

Durante o período republicano, os romanos ampliaram seus domínios: no século III a.C. já haviam dominado toda a Península Itálica e arredores, tornando-se o centro de uma poderosa confederação de povos e cidades itálicas e gregas.

Seguindo com o processo expansionista, durante as chamadas **Guerras Púnicas** (264 a.C.-146 a.C), os romanos conquistaram Cartago, potência comercial e marítima no norte da África, que era detentora de colônias em regiões próximas. No mesmo período das guerras contra Cartago, as forças romanas dominaram terras, como o Egito e a Grécia, no Mediterrâneo Oriental. No século I a.C., a maior parte do território ao redor do Mediterrâneo estava sob domínio romano.

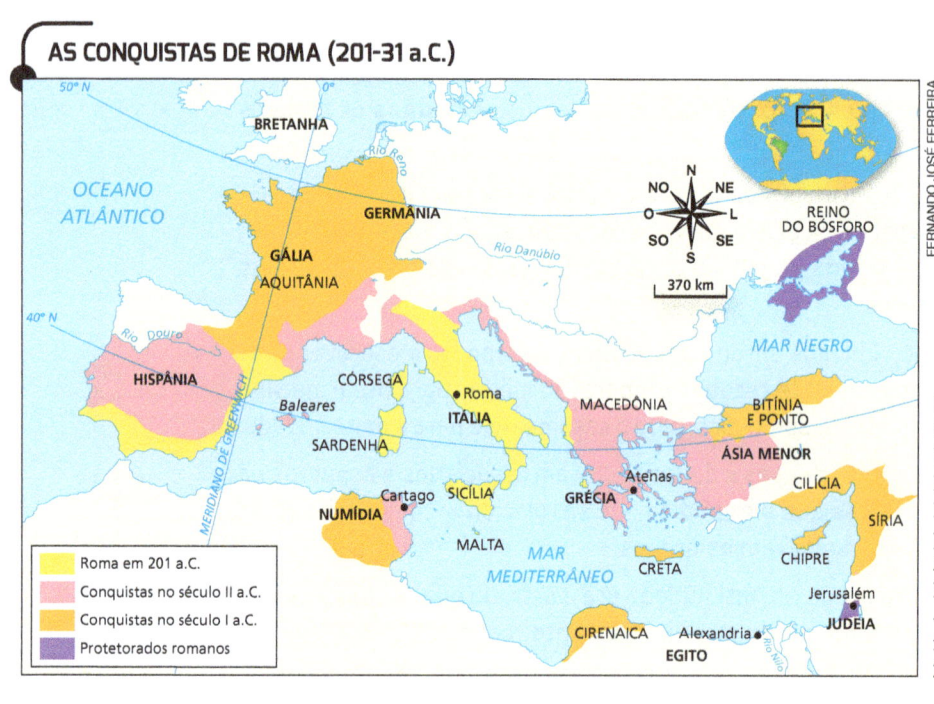

AS CONQUISTAS DE ROMA (201-31 a.C.)

Fontes: DUBY, Georges. *Atlas histórico mundial*. Barcelona: Larousse, 2010. p. 46; *David Rumsey Map Collection*. Disponível em <http://mod.lk/faxuq>. Acesso em 25 jun. 2018.

As conquistas romanas tiveram como principais consequências:

- enriquecimento das cidades por meio dos espólios de guerra e dos tributos pagos pelos povos conquistados;
- formação de um novo grupo social, o dos cavaleiros, que eram plebeus enriquecidos com a exploração de áreas conquistadas;
- formação de grandes propriedades escravistas, consequência da obtenção de terras e escravos.

A maior parte dos escravizados nas guerras se concentrou nas áreas urbanas. Nas cidades, eles exerciam atividades diversas e podiam ser vendidos, alugados ou até mortos pelos donos, mas tinham o direito de acumular riquezas e comprar sua liberdade.

A partir de 136 a.C., várias rebeliões escravas aconteceram. A mais conhecida delas ocorreu em 73 a.C., em Cápua. Liderada por Espártaco, um escravo gladiador, foi vencida pelas forças romanas.

Apesar do acúmulo de riquezas, o processo de expansão provocou o aumento da população pobre – pois os agricultores tiveram suas propriedades tomadas –, da fome, de doenças e da criminalidade nas cidades romanas.

A **reforma agrária**, que limitaria o tamanho das propriedades rurais e distribuiria terras aos camponeses, foi proposta por Tibério Graco, em 133 a.C., e por seu irmão, Caio Graco, dez anos depois. Essas tentativas, porém, não se concretizaram. No final do século I a.C., a República Romana estava em profunda crise.

Teste e aprimore os seus conhecimentos com as atividades a seguir.

1. Por que Atenas e Esparta eram cidades-Estados?

   _____

   _____

2. Leia as afirmativas e assinale A para aquelas que se referem a Atenas e E para as que se referem a Esparta.

   a) (   ) A educação estava voltada para a guerra. Aos 7 anos de idade, os meninos deixavam as famílias para viver em quartéis, onde eram treinados para combater no exército.

   b) (   ) A sociedade estava dividida em cidadãos, metecos e escravos. Somente no início do século VI a.C., por pressões sociais, a escravidão por dívidas foi abolida na cidade.

   c) (   ) A elite da pólis era representada pela aristocracia guerreira, que descendia dos antigos fundadores da cidade.

   d) (   ) Nela formou-se um regime político chamado democracia, no qual as decisões eram tomadas pelo conjunto dos cidadãos da cidade. Era o centro artístico e cultural do mundo grego.

3. Associe cada termo à sua definição.

   a) Esparciatas
   b) Periecos
   c) Hilotas
   d) *Demos*
   e) Metecos
   f) Escravos

   (   ) Eram os prisioneiros de guerra e seus descendentes.

   (   ) Eram os estrangeiros e seus descendentes em Atenas.

   (   ) Descendentes dos dórios, eram os que controlavam as instituições políticas espartanas.

   (   ) Era o grupo formado por camponeses, artesãos e comerciantes da cidade-Estado de Atenas.

   (   ) Habitavam os arredores de Esparta, e se dedicavam principalmente à agricultura, ao artesanato e ao comércio.

   (   ) Eram antigos habitantes da região dominada pelos dórios e foram transformados em servos na cidade-Estado de Esparta.

4. O trecho a seguir foi retirado da comédia *A assembleia das mulheres*, de Aristófanes, escrito no século V a.C. Nela, a personagem Praxágora faz um discurso aos atenienses após se tornar governanta da cidade. Leia-o com atenção para responder às questões.

   "Em primeiro lugar, que nenhum de vocês me conteste ou interrompa antes de conhecer meu plano e escutar o orador. Tornar comum e tudo compartilhar, afirmo, é o que todos devem fazer, e viver do fundo comum, e não um ser rico e o outro um miserável, um lavrar um campo extenso e outro não ter nem onde ter seu túmulo; um empregar muitos escravos e outro nem um ajudante. Em lugar disso, estou criando um único meio de vida, comum e igual para todos."

   ARISTÓFANES. A assembleia das mulheres. In: GONÇALVES, Ana T. M; MATA, Giselle M. da. Ritual de máscaras: teatro, cidadania e identidades. *Historiae*, Rio Grande, 2011. Disponível em <http://mod.lk/acfdc>. Acesso em 25 jun. 2018.

a) Grife o trecho do texto que confere autoridade à Praxágora.

b) Que propostas Praxágora faz para a sociedade ateniense?
_____
_____

c) Em Atenas, a democracia era restrita, pois somente homens adultos, filhos de pais atenienses, eram considerados cidadãos. As mulheres estavam excluídas da participação política. Tendo isso em mente, é possível afirmar que na comédia de Aristófanes há uma crítica a essa condição da mulher? Justifique sua resposta.
_____
_____
_____
_____
_____

5. Complete o diagrama da organização política em Esparta e Atenas.

Esparta

Oligarquia

- Dois reis e 28 cidadãos com mais de 60 anos formavam a _____, para _____.
- _____ eram os cinco cidadãos que formavam um comitê para _____.
- Cidadãos com mais de 20 anos formavam a _____, para _____.

Atenas

_____

- _____ era a assembleia da qual participavam todos os cidadãos.
- _____ era o conselho formado por quatrocentos homens que _____.

6. Compare os modelos de educação ateniense e espartano.

_____
_____
_____
_____
_____

7. Observe a charge e faça o que se pede.

Todos têm direito ao voto, charge de Gilmar, 2010.

a) Qual é o aspecto da política ateniense satirizado na charge?

_____

b) Destaque nas falas termos que indicam contradição.

_____
_____

c) Em sua opinião, a charge mostra uma visão positiva ou negativa da democracia em Atenas? Explique.

_____
_____

8. Classifique cada alternativa de acordo com o período correspondente da história de Roma na Antiguidade: monárquico ou republicano.

a) Período no qual o governo era exercido por cônsules, magistrados e assembleias: _____ .

b) Período no qual a cidade de Roma foi fundada, cresceu e urbanizou-se: _____ .

c) Período em que ocorreram muitas revoltas plebeias: _____ .

d) Período em que se tentou realizar a reforma agrária: _____ .

e) Período governado por reis: _____ .

9. Sobre os efeitos da expansão romana, classifique as afirmativas em verdadeiras (V) ou falsas (F).

a) (   ) Endividamento em razão da ampliação dos gastos com as diferentes províncias.

b) (   ) Guerra contra os cartagineses pela conquista da cidade no norte da África.

c) (   ) Utilização das terras conquistadas para realização da reforma agrária.

d) (   ) Formação de grandes propriedades escravistas.

10. Assinale a alternativa correta.

a) Em Roma, durante a Antiguidade, todos os homens livres eram ricos.

b) A revolta liderada por Espártaco teve como resultado a abolição da escravidão em Roma.

c) Durante o período republicano, os plebeus conquistaram o direito de eleger representantes.

d) Durante as chamadas Guerras Púnicas, os romanos conquistaram os territórios gregos.

11. Leia o texto a seguir e responda às perguntas.

"A reação dos senadores, grandes proprietários, à legislação de Tibério [Graco] foi a esperada. Alegaram que haviam obtido as terras de forma legítima, que haviam feito com que se tornassem produtivas, que sua distribuição levaria à destruição da república. [...]"

FUNARI, Pedro Paulo. A cidadania entre os romanos. In: PINSKY, Jaime; PINSKY, Carla B. *História da cidadania*. São Paulo: Contexto, 2013. p. 59.

a) O texto se refere a qual proposta feita por Tibério Graco?

b) Como era a situação de Roma na época em que Tibério e, depois, seu irmão Caio Graco propuseram essa mudança?

Leia atentamente o texto a seguir para responder às questões 12 e 13.

"[...] em Roma, desde o século III a.C., devido ao reforço da cidadania – dentre outros fatores, pela abolição da escravidão por dívidas –, a escravidão colocou-se como uma necessidade para suprir uma mão de obra que antes era provida internamente por um campesinato dependente. A escravidão oferecia a vantagem de uma exploração maior do trabalho, pois o escravo era uma propriedade, totalmente submetido ao poder senhorial e, além disso, um estrangeiro, isto é, sem laços de parentesco [...]. [...] a escravidão caminhou lado a lado com a liberdade: a posição social do escravo reforçava aquela do cidadão. Um cidadão que tinha como poder de barganha, frente ao Estado, o fato de ser soldado, de lutar pela manutenção e expansão da cidade."

JOLY, Fábio Duarte. Guerra e escravidão no mundo romano. In: FUNARI, P. P.; CARVALHO, M. M. de; CARLAN, C. U.; SILVA, E. C. M da (Org.). *História militar do mundo antigo*: guerras e identidades. São Paulo: Annablume, 2011. p. 140-141.

12. Grife, no texto, a medida estabelecida durante a república romana que beneficiou os plebeus pobres.

13. Com base no texto, responda às questões a seguir.

a) Por que a escravidão se tornou uma necessidade para a sociedade romana?

_____
_____

b) Qual era a vantagem do trabalho escravo?

_____
_____

c) Explique a seguinte passagem do texto: "a posição social do escravo reforçava aquela do cidadão".

_____
_____

d) Que característica apontada no texto mostra a diferença entre o cidadão comum e o escravo na Roma antiga?

_____
_____

14. Numere as frases abaixo, ordenando-as para que formem um texto contínuo e coerente.

a) _____ As guerras de conquista também levaram ao crescimento da escravidão. Os escravos eram a mão de obra predominante nas grandes propriedades rurais da Península Itálica.

b) _____ A república foi um período de grandes mudanças na política, na economia e na sociedade romana.

c) _____ À medida que os romanos conquistavam terras, riquezas e povos, um novo grupo social surgia em Roma, os cavaleiros, formado por plebeus enriquecidos.

d) _____ Nessa época, as transformações que ocorreram em Roma resultaram, em grande parte, das conquistas e da expansão territorial.

UNIDADE 6 REINOS, ALDEIAS E O IMPÉRIO ROMANO

RECAPITULANDO

O IMPÉRIO ROMANO

No século I, a República Romana passava por uma grave crise política e social. O exército, antes formado por camponeses e trabalhadores rurais, profissionalizou-se e se fortaleceu. Nesse contexto, chefes militares conquistaram muito poder político. Diante da crise, três militares – Júlio César, Pompeu e Crasso – conseguiram formar uma aliança (o Primeiro Triunvirato) para governar Roma.

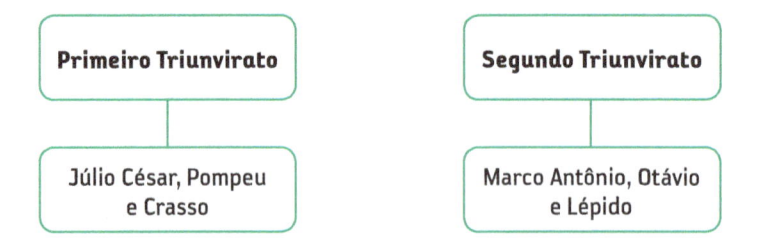

Primeiro Triunvirato
Júlio César, Pompeu e Crasso

Segundo Triunvirato
Marco Antônio, Otávio e Lépido

Em 27 a.C., após disputas militares, Otávio Augusto, integrante do Segundo Triunvirato, foi declarado **imperador de Roma** pelo Senado, com o título de César Augusto, colocando fim à república em Roma.

Mesmo com o poder concentrado em suas mãos, Augusto inaugurou a *pax romana* (**paz romana**), que se estendeu até o século II: as guerras deixaram de ser prioridade e o governo se voltou para a proteção das fronteiras e a contenção das revoltas populares.

Nesse período, o **Império Romano** havia atingido sua máxima extensão.

O IMPÉRIO ROMANO EM SUA MÁXIMA EXTENSÃO (SÉCULO II)

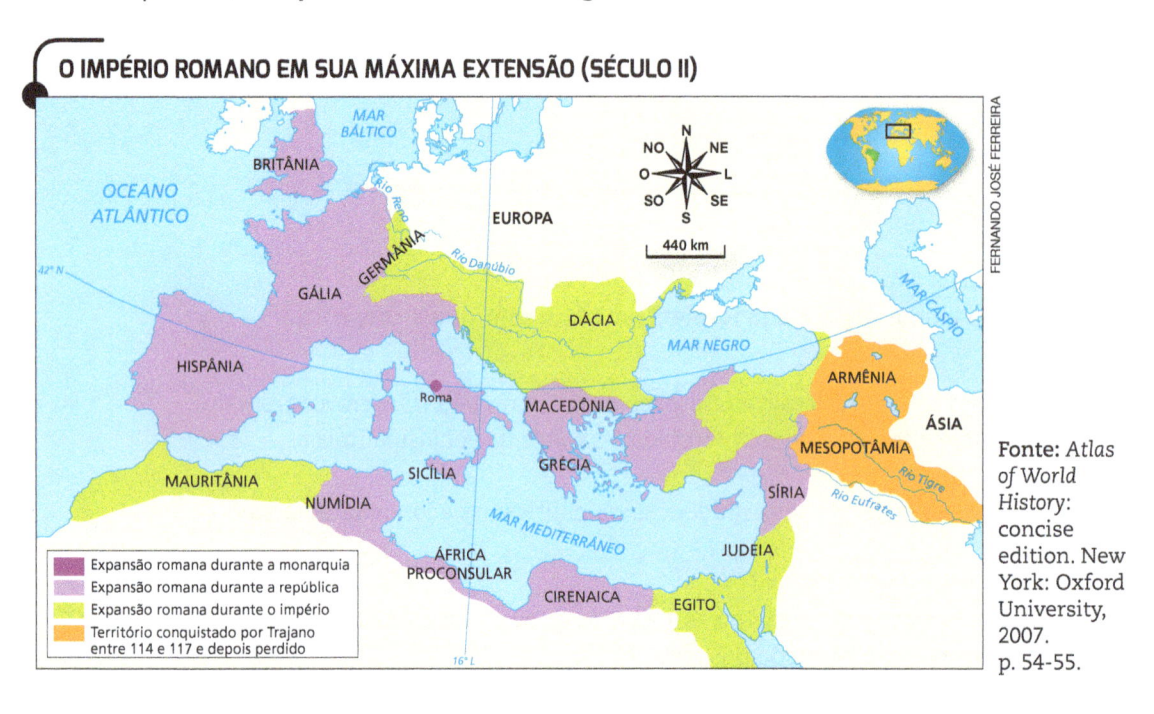

Legenda:
- Expansão romana durante a monarquia
- Expansão romana durante a república
- Expansão romana durante o império
- Território conquistado por Trajano entre 114 e 117 e depois perdido

Fonte: *Atlas of World History*: concise edition. New York: Oxford University, 2007. p. 54-55.

Apesar de os romanos terem absorvido características culturais dos povos dominados, em geral, os governantes procuravam organizar as províncias de acordo com as instituições de Roma.

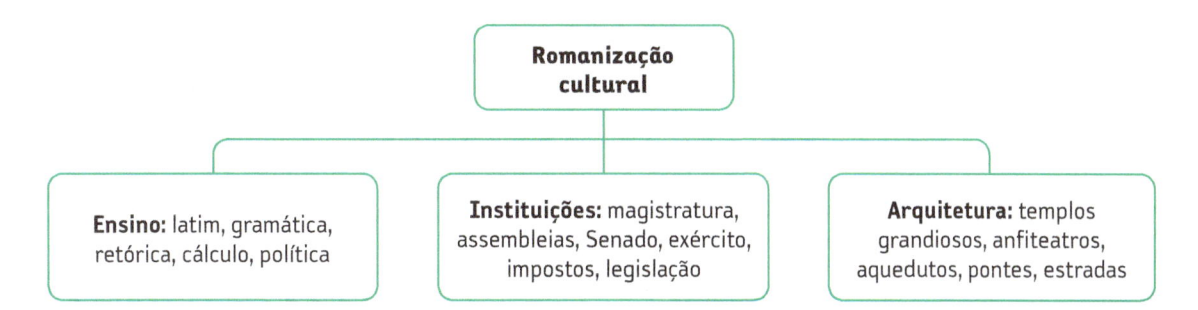

```
                    Romanização
                      cultural
         ┌──────────────┼──────────────┐
Ensino: latim,    Instituições:      Arquitetura: templos
gramática,        magistratura,      grandiosos, anfiteatros,
retórica, cálculo, assembleias, Senado, aquedutos, pontes, estradas
política          exército, impostos,
                  legislação
```

O POVO HEBREU E A DOMINAÇÃO ROMANA

Os ancestrais dos judeus foram os **hebreus**. Eles eram monoteístas (acreditavam em apenas um deus) e, originalmente, organizavam-se como uma grande família tribal liderada por um patriarca. A história dos hebreus foi narrada no **Antigo Testamento** da *Bíblia*.

Os hebreus migraram para a região que chamavam de Palestina (nome de origem grega para designar a região na costa oriental do Mediterrâneo que atualmente compreende Israel, Jordânia, sul do Líbano, Faixa de Gaza e Cisjordânia) e, por volta do século XI a.C., estavam organizados em doze tribos.

De acordo com os relatos bíblicos, durante a disputa pelo território com os filisteus, os hebreus unificaram as doze tribos sob o reinado de Saul, que foi sucedido por Davi. Durante o reinado de Davi (1010-971 a.C.), os filisteus foram derrotados e a cidade de Jerusalém tornou-se a capital do reino.

O Reino dos Hebreus alcançou o auge no período em que foi governado por Salomão, filho de Davi: o exército foi fortalecido e foram construídas grandes obras, como aquedutos e o Primeiro Templo de Jerusalém. Os recursos para essas obras eram obtidos por meio da cobrança de altos impostos.

Em 931 a.C., com a morte de Salomão, seu filho Roboão assumiu o trono e manteve a política de altos impostos, o que provocou a rebelião e a divisão do reino: as tribos do norte formaram o **Reino de Israel** e as do sul, o **Reino de Judá**.

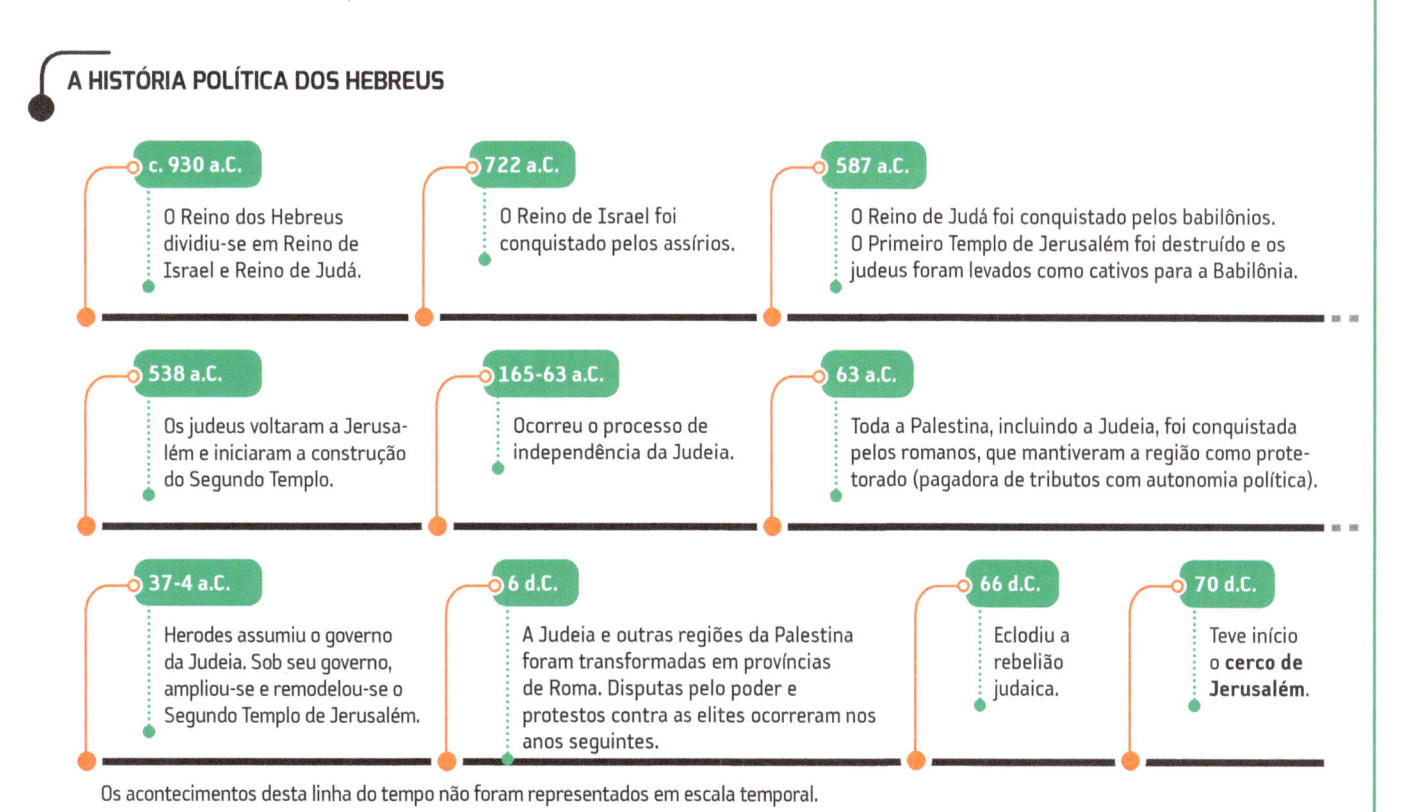

A HISTÓRIA POLÍTICA DOS HEBREUS

c. 930 a.C. — O Reino dos Hebreus dividiu-se em Reino de Israel e Reino de Judá.

722 a.C. — O Reino de Israel foi conquistado pelos assírios.

587 a.C. — O Reino de Judá foi conquistado pelos babilônios. O Primeiro Templo de Jerusalém foi destruído e os judeus foram levados como cativos para a Babilônia.

538 a.C. — Os judeus voltaram a Jerusalém e iniciaram a construção do Segundo Templo.

165-63 a.C. — Ocorreu o processo de independência da Judeia.

63 a.C. — Toda a Palestina, incluindo a Judeia, foi conquistada pelos romanos, que mantiveram a região como protetorado (pagadora de tributos com autonomia política).

37-4 a.C. — Herodes assumiu o governo da Judeia. Sob seu governo, ampliou-se e remodelou-se o Segundo Templo de Jerusalém.

6 d.C. — A Judeia e outras regiões da Palestina foram transformadas em províncias de Roma. Disputas pelo poder e protestos contra as elites ocorreram nos anos seguintes.

66 d.C. — Eclodiu a rebelião judaica.

70 d.C. — Teve início o **cerco de Jerusalém**.

Os acontecimentos desta linha do tempo não foram representados em escala temporal.

Após o cerco, os romanos tomaram a cidade, incendiaram o templo e mataram ou escravizaram muitos judeus. Iniciava-se a **grande diáspora**, ou seja, a dispersão do povo judeu pelo mundo.

CRISTIANISMO: NOVA CRENÇA MONOTEÍSTA NO MUNDO ROMANO

Os **Evangelhos**, livros do Novo Testamento da *Bíblia*, contam que Jesus Cristo nasceu há cerca de 2 mil anos em Belém, na Judeia, e cresceu em Nazaré, na Galileia. Com cerca de 30 anos de idade, Jesus começou a transmitir seus ensinamentos em várias cidades da Palestina, pregando a existência de apenas um Deus, o amor ao próximo e a humildade, além de afirmar que quem seguisse seus ensinamentos alcançaria a vida eterna.

Sua postura desagradou autoridades romanas e judaicas. Por isso, ele foi preso, julgado e crucificado, mas seus ensinamentos espalharam-se pela região do Mar Mediterrâneo. Durante o século I, a religião cristã foi considerada uma ameaça pelas autoridades romanas, pois os cristãos se recusavam a servir o exército e a praticar a religião romana. Por causa disso, os cristãos foram perseguidos por imperadores e governadores romanos. As perseguições, entretanto, acabaram fortalecendo a nova religião, pois muitos se converteram ao testemunhar a fé dos cristãos.

Em 313, com o Edito de Milão, o imperador Constantino concedeu a liberdade de culto a todas as crenças no Império Romano e, em 380, o cristianismo tornou-se a religião oficial de Roma.

A ÁFRICA NA ÉPOCA ROMANA

Após consolidar seu domínio em Cartago, no norte da África, os romanos conquistaram os reinos da Numídia e da Mauritânia, enfrentando forte resistência das populações locais. Eles também conquistaram a Cirenaica e o Egito, transformados em províncias em I a.C.

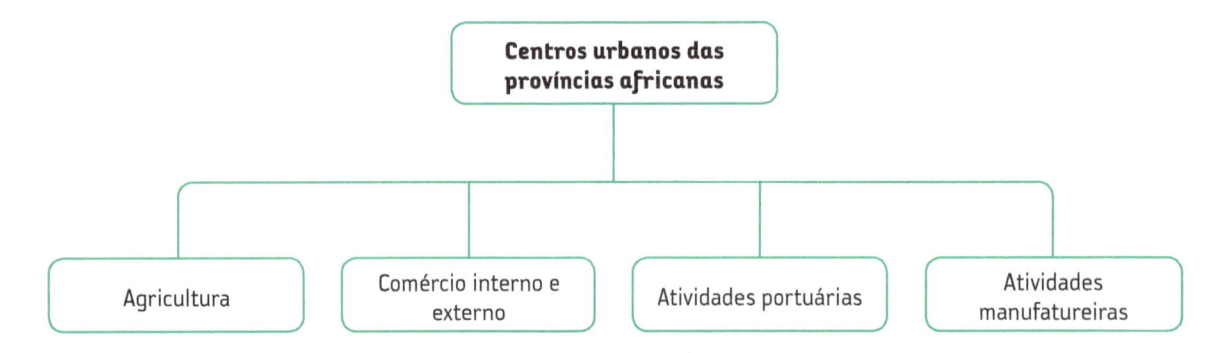

Centros urbanos das províncias africanas
- Agricultura
- Comércio interno e externo
- Atividades portuárias
- Atividades manufatureiras

Naquela época, o continente africano reunia diversos povos e culturas. Enquanto ao norte estavam as sociedades mais urbanizadas, conquistadas por Roma, mais ao sul, o Reino de Cuxe mantinha-se independente. Na capital cuxita, Meroé, desenvolveu-se uma civilização de grandes construtores e artesãos, que exportava muito ouro para o Egito. Os meroés também praticavam a agricultura, domesticavam animais e desenvolviam um comércio ativo. As mulheres da família real exerciam um papel político e religioso importante. Algumas ocuparam o lugar de rainhas-mães, as **candaces**.

Na chamada **África subsaariana**, diversas sociedades organizaram-se política e socialmente como **comunidades aldeãs**, ou seja, estabeleceram-se em torno de aldeias, que se formaram pela reunião de grupos nômades em locais de coleta e caça. Esses grupos desenvolveram a agricultura, tornando-se sedentários ou seminômades.

Algumas ou várias famílias formavam uma comunidade aldeã, na qual havia um conselho formado por chefes de família. O chefe da aldeia era o responsável por distribuir terras e alimentos, dividir o trabalho, organizar as leis e a justiça e comandar o grupo em casos de guerras. Era possível as aldeias selarem alianças para defender interesses comuns, formando uma **confederação de aldeias**. À medida que as relações entre as aldeias se fortaleciam, podiam se formar reinos ou até impérios.

Teste e aprimore seus conhecimentos com as atividades a seguir.

1. Sobre o final da república e o início do Império Romano, classifique as afirmativas como verdadeiras (V) ou falsas (F).

    a) ( ) Durante a crise da república, apesar de ter se profissionalizado, o exército romano perdeu influência política.

    b) ( ) A *pax romana* consistiu na diminuição das guerras, ou seja, no fim do processo de expansão de Roma.

    c) ( ) Otávio Augusto, integrante do Segundo Triunvirato, foi declarado imperador de Roma pelo Senado.

    d) ( ) O governo imperial impunha tributos aos territórios conquistados.

    e) ( ) A máxima extensão dos domínios romanos ocorreu durante a república.

2. Explique o que foram os triunviratos.

3. No século I, havia 80 quilômetros de vias públicas ligando diferentes pontos do Império Romano. As estradas serviam principalmente como meio de comunicação. Através delas, mensageiros levavam ordens oficiais de um canto a outro do império. A charge a seguir dialoga com esse aspecto do passado romano. Observe-a com atenção para responder às questões.

Tira dos personagens Frank & Ernest, do cartunista Bob Thaves, 2000.

   a) O antigo ditado popular aproveitado nessa charge, "Todos os caminhos levam a Roma", remete ao papel que a cidade de Roma tinha no império. Explique o significado dessa expressão.

   b) As estradas romanas serviam principalmente, para comunicação, como um sistema de correio. Atualmente, quais meios as pessoas utilizam para trocar mensagens entre si? Qual é a principal função das estradas no Brasil atual?

4. O Coliseu era um anfiteatro, ou seja, um local de entretenimento. Nele ocorriam apresentações teatrais, exibição de animais exóticos e, principalmente, lutas de gladiadores. Analise as imagens a seguir e responda às questões.

Ruínas do Anfiteatro Flaviano, em Roma, Itália. Foto de 2017. Mais conhecido como Coliseu, foi construído entre 72 e 80 d.C.

Estádio do Pacaembu, na cidade de São Paulo (SP), inaugurado na década de 1940. Foto de 2016.

a) Identifique o período da história romana em que foi construído o Coliseu.

_____

b) Analise a imagem do Coliseu e relacione a estrutura da construção a sua função.

_____

_____

c) Compare as duas imagens e identifique as semelhanças entre elas, apesar da grande diferença no tempo.

_____

_____

5. Analise a imagem e assinale a alternativa correta.

A destruição de Jerusalém em 70 d.C., gravura de Louis Haghe com base na pintura de David Roberts, século XIX.

A imagem se refere:

a) à divisão do Reino dos Judeus e à formação dos Reinos de Judá e de Israel.

b) à destruição do Primeiro Templo de Jerusalém pelos babilônios.

c) ao fim da rebelião judaica com a vitória do Império Romano.

d) à conquista romana de Jerusalém após meses de cerco.

6. Explique o significado da expressão *diáspora judaica*.

_____

_____

_____

7. Leia o texto e responda à questão.

"Depois que Jesus nasceu na cidade de Belém da Judeia, na época do rei Herodes, alguns magos do Oriente chegaram a Jerusalém perguntando: 'Onde está o rei dos judeus que acaba de nascer? Vimos a sua estrela no Oriente e viemos adorá-lo'.

Ao saber disso, o rei Herodes ficou alarmado, assim como toda a cidade de Jerusalém. Ele reuniu todos os sumos sacerdotes e os escribas do povo, para perguntar-lhes onde o Cristo deveria nascer."

MATEUS 2,1-4. *Bíblia Sagrada*: tradução da CNBB. 2. ed. São Paulo: Edições Loyola e outras, 2002. p. 1150.

Qual era a situação do território judeu em relação a Roma no período do nascimento de Jesus? Utilize o texto para justificar sua resposta.

_____

_____

8. Complete a cruzadinha com as respostas das perguntas ou frases a seguir.

a) Nome do imperador romano que se converteu ao cristianismo e assinou o Edito de Milão, permitindo a liberdade de culto a todas as crenças no Império Romano.
b) Aliança formada por três líderes militares para governar a República Romana.
c) Povo monoteísta ancestral dos judeus.
d) Cidade capital do reino de Davi.
e) Religião monoteísta que se expandiu pelo Império Romano, mas, a princípio, não foi aceita pelas autoridades romanas, que passaram a perseguir seus fiéis.
f) Qual é o nome dos livros do Novo Testamento da *Bíblia* que contam sobre a vida de Jesus Cristo?
g) Como foi chamado o período inaugurado pelo governo de Augusto e que foi marcado pela proteção das fronteiras do império e pela repressão das revoltas populares?
h) Continente no qual os romanos conquistaram os reinos da Numídia e Mauritânea.

9. Identifique a alternativa correta sobre o Edito de Milão.

a) Decretou o cristianismo como religião oficial de Roma no ano 380.
b) Estabeleceu o fim do politeísmo com a adoção do monoteísmo cristão.
c) Definiu os critérios de julgamento e de pena dos cristãos capturados pelos romanos.
d) Determinou a liberdade de culto no Império Romano, colocando fim à perseguição aos cristãos.

10. Leia o texto a seguir e assinale a alternativa correta.

"[...] na África Centro-Ocidental cada aldeia tinha seu chefe, que muitas vezes pertencia a uma organização política e social maior, [...], a quem todos obedeciam e mandavam tributos.

SOUZA, Marina de Mello e. *Reis negros no Brasil escravista*: história da festa de coroação de Rei congo. Belo Horizonte: Editora UFMG, 2002. p. 181.

A organização política e social maior citada no texto corresponde:

a) à confederação de aldeias, formada por interesses comuns.
b) aos grandes reinos que em troca de tributos garantiam proteção.
c) à confederação de aldeias, liderada pela aldeia com líder mais influente.
d) aos grandes impérios, que impunham tributos, mas permitiam a liberdade de culto.

11. Associe as informações a seguir.

- Região dominada pelos romanos
- Cuxe
- Comunidades aldeãs
- Reino africano independente
- Região subsaariana
- Área mais urbanizada do norte da África

12. Leia o trecho a seguir e responda às questões.

"[...] ser candace em Meroé era ocupar-se da administração civil, do comércio, dos exércitos, da religião e estabelecer relações diplomáticas entre os reinos vizinhos."

CUNHA, Sonia Ortiz da. GONÇALVES, José Henrique R. Cuxe: o resgate histórico de um antigo reino núbio. *Dia a dia da educação*, p. 14. Disponível em <http://mod.lk/j9wlu>. Acesso em 28 jun. 2018.

a) Quem eram as candaces?

_____

_____

b) O que o texto indica sobre o papel das candaces?

_____

_____

UNIDADE 7 A FORMAÇÃO DA EUROPA MEDIEVAL

RECAPITULANDO

O DECLÍNIO DE ROMA E A FORMAÇÃO DA EUROPA MEDIEVAL

Algumas das principais razões para o declínio do Império Romano foram: os custos e dificuldades para administrar um território muito grande; o avanço dos bárbaros (modo como eram chamados os povos que viviam fora das fronteiras romanas); a ruralização do império (por volta do século III, muitos se deslocaram para o campo a fim de fugir das invasões e da alta cobrança de tributos); a redução da mão de obra escrava em decorrência da diminuição das guerras de conquista.

Para tentar solucionar os problemas, em 293, o imperador Diocleciano dividiu o império em quatro regiões e nomeou imperadores para cada uma delas (tetrarquia). Contudo, eles passaram a disputar o poder e não contribuíram para a resolução da crise romana.

Em 395, o imperador Teodósio dividiu o império em duas partes:

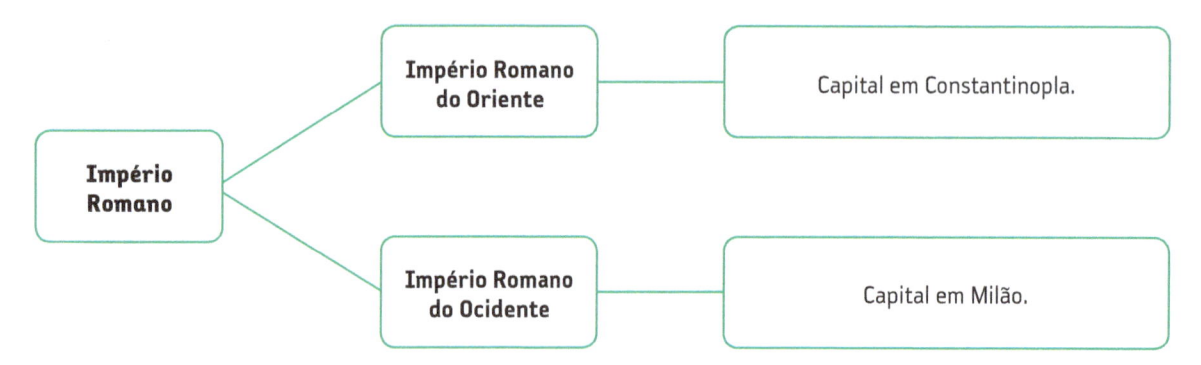

- **Império Romano** →
  - **Império Romano do Oriente** → Capital em Constantinopla.
  - **Império Romano do Ocidente** → Capital em Milão.

Essa divisão, porém, não foi suficiente para conter a crise e o avanço dos bárbaros: no século V, os francos dominaram a Lutécia e os visigodos saquearam Roma. Em 476, os hérulos depuseram Rômulo Augústulo, o último imperador romano do Ocidente. Esse evento é considerado marco do início da Idade Média na Europa.

A DESCENTRALIZAÇÃO POLÍTICA NA EUROPA MEDIEVAL

O avanço dos povos bárbaros foi uma das principais causas da queda do Império Romano. Os **germânicos** (francos, vândalos, ostrogodos, anglo-saxões, visigodos e outros), de forte tradição guerreira, destacavam-se entre esses povos.

No século V, constituíram-se os primeiros reinos germânicos, que organizaram formas de defesa que garantiram a independência do poder regional, o que enfraqueceu o poder do império centralizado. Além disso, as invasões dos árabes muçulmanos, nos séculos VII e VIII, contribuíram para o isolamento gradativo do Ocidente europeu. A resistência a essas invasões foi comandada pelos francos, que derrotaram os árabes na **Batalha de Poitiers**, em 732.

Além de impedir o avanço muçulmano, os francos lideraram o movimento de **cristianização** dos povos germânicos, que teve início com a conversão do rei franco Clóvis ao cristianismo. O estreitamento dos vínculos entre a Igreja e os francos está na origem dos **Estados Pontifícios**. Em troca das terras da atual Itália central, Pepino, o Breve, foi reconhecido pelo papado como o rei dos francos e a **dinastia carolíngia** foi legitimada, pondo fim à **dinastia merovíngia**.

O Reino Franco alcançou seu apogeu no governo de Carlos Magno, filho e sucessor de Pepino, o Breve, que continuou a política de expansão territorial e cristianização das terras conquistadas. Em 800, Carlos Magno foi coroado imperador do Ocidente pelo papa Leão III.

No chamado **Renascimento Carolíngio**, Carlos Magno incentivou o desenvolvimento cultural e a cristianização do império. Contudo, o poder imperial estava fragilizado, por motivos como as **relações de vassalagem** (vínculos entre nobres com direitos e obrigações mútuas, como a proteção militar). Por meio dessas relações, muitos senhores não dependiam mais do poder real.

A frágil unidade política do império se desfez após a morte de Carlos Magno, em 814, e a disputa pelo poder entre seus sucessores. Com as definições do **Tratado de Verdun**, o império foi dividido entre os netos de Carlos Magno.

A TERRA E A AGRICULTURA NA EUROPA MEDIEVAL

Com o enfraquecimento dos reinos, os cargos de condes, duques e marqueses (representantes reais nas províncias) passaram a ser bens pessoais e hereditários.

No século IX, diante de uma nova onda de invasões promovidas por vikings, húngaros e árabes, os reinos europeus foram incapazes de garantir a segurança da população, e cada senhor assumiu o combate aos invasores em seu domínio. As áreas rurais serviram de refúgio, acentuando a ruralização. Nessas regiões, foram erguidos castelos e fortalezas, e estabelecidas relações de vassalagem, nas quais o vassalo jurava fidelidade a seu senhor, o suserano, assumindo diversas obrigações, e o senhor doava parte de seu **feudo** (parte dos domínios), cuja forma mais comum era a terra.

Nos domínios senhoriais, em geral, produzia-se tudo o que era necessário à sobrevivência dos moradores locais. Na Europa feudal, a principal fonte de sustento da população era a **agricultura**. A unidade de produção feudal, chamada de **senhorio**, era, geralmente, dividida em três partes.

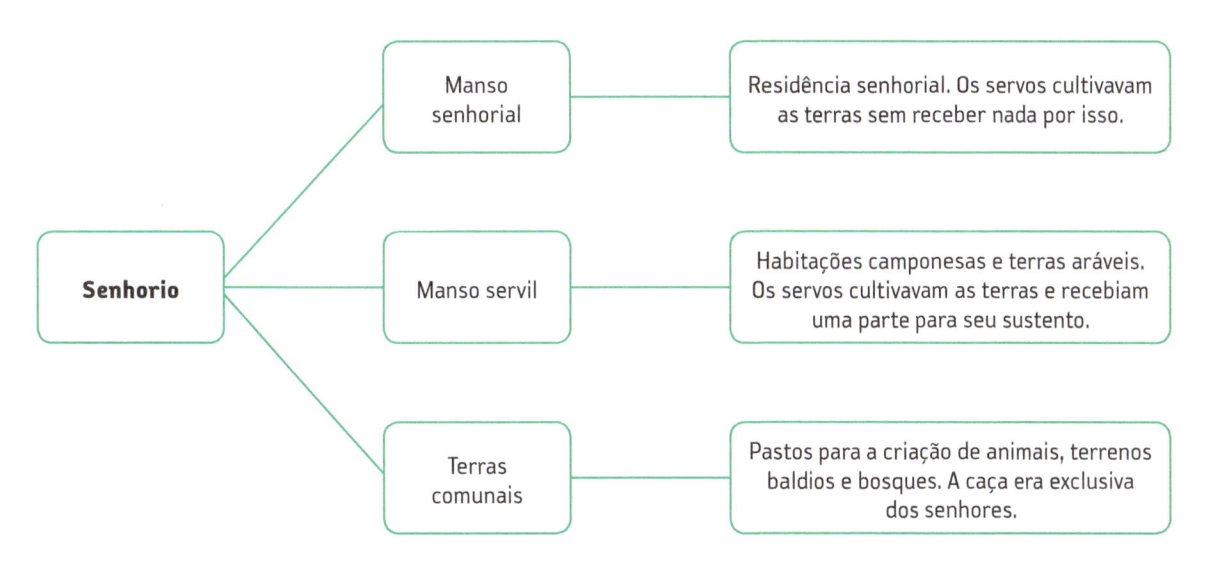

Senhorio
- Manso senhorial — Residência senhorial. Os servos cultivavam as terras sem receber nada por isso.
- Manso servil — Habitações camponesas e terras aráveis. Os servos cultivavam as terras e recebiam uma parte para seu sustento.
- Terras comunais — Pastos para a criação de animais, terrenos baldios e bosques. A caça era exclusiva dos senhores.

Durante o **feudalismo** desenvolveram-se inovações tecnológicas para o cultivo da terra. Até por volta do século X, as técnicas de agricultura medieval eram semelhantes às do período romano, como a tração leve e a rotação bienal de culturas. No início do século XI, houve uma grande mudança na agricultura europeia, com o desenvolvimento do cultivo utilizando tração pesada, o **arado charrua**. Com esse equipamento, tornou-se possível revirar o solo e enterrar o esterco em uma extensa parte de terra cultivável.

A partir do século XIII, houve avanço na metalurgia e na criação de gado, e passou-se a adotar a rotação trienal de culturas, por meio da qual se mantinha parte de um terreno em repouso, enquanto outras duas eram utilizadas para plantio. Em razão disso, eram feitas duas colheitas anuais.

SENHORES E SERVOS NA SOCIEDADE FEUDAL

As divisões da sociedade medieval eram estabelecidas de acordo com a relação que os indivíduos mantinham com a terra e com a Igreja, considerando-se três camadas sociais: a do **clero**, a da **nobreza** e a dos **camponeses**.

Atualmente, os membros da sociedade feudal são classificados de acordo com seu "papel" na comunidade cristã: o de **leigos** e o de **clérigos**. No interior desses dois grupos havia outras divisões.

No campo, o primeiro grupo de cristãos leigos, ou seja, que não faziam parte do clero, era formado pelos senhores de terra: os **nobres**, os **grandes senhores** e os **senhores menores**, que cuidavam das atividades administrativas e militares, entre outras. Faziam também parte desse grupo os **cavaleiros**, guerreiros que defendiam os senhorios.

O segundo grupo dos cristãos leigos era formado pelos camponeses, entre eles os **servos**, presos à terra por toda a vida e pagadores de altos tributos, e os **vilões**, camponeses livres que possuíam pequenos lotes de terra e, muitas vezes, tornaram-se servos. Também havia um número reduzido de **escravos**, que desenvolviam afazeres domésticos nos castelos.

As cidades não desapareceram, apesar de estarem esvaziadas e empobrecidas (diferentemente do que ocorria na época romana), e voltaram a crescer a partir do século XI. Denominadas **burgos**, eram pequenas e cercadas de muralhas, e seus moradores eram os **burgueses** (mercadores, artesãos, banqueiros, entre outros).

No topo do clero, estava o papa, chefe da Igreja, que tinha diversos poderes, como o de estabelecer um modelo de conduta social. Abaixo dele, havia o **clero secular**, dividido em dois grupos: o **alto clero**, composto dos bispos, possuidores de terras e muito poder, e o **baixo clero**, formado pelos líderes de paróquias, que viviam, geralmente, como camponeses. Havia também o **clero regular**, formado pelos monges que viviam nos mosteiros afastados das cidades.

Teste e aprimore seus conhecimentos com as atividades a seguir.

1. Complete o texto utilizando os termos dos quadros.

- altos custos
- mão de obra escrava
- guerras de conquista
- extensão do império
- cobrança de impostos
- povos bárbaros

Algumas das principais causas da crise do Império Romano foram: os _____ e as dificuldades para administrar a _____; o avanço dos _____; a migração das pessoas para o campo, para fugir da _____; a redução da _____, como consequência da diminuição das _____.

2. Complete o diagrama sobre o processo de ruralização da Europa.

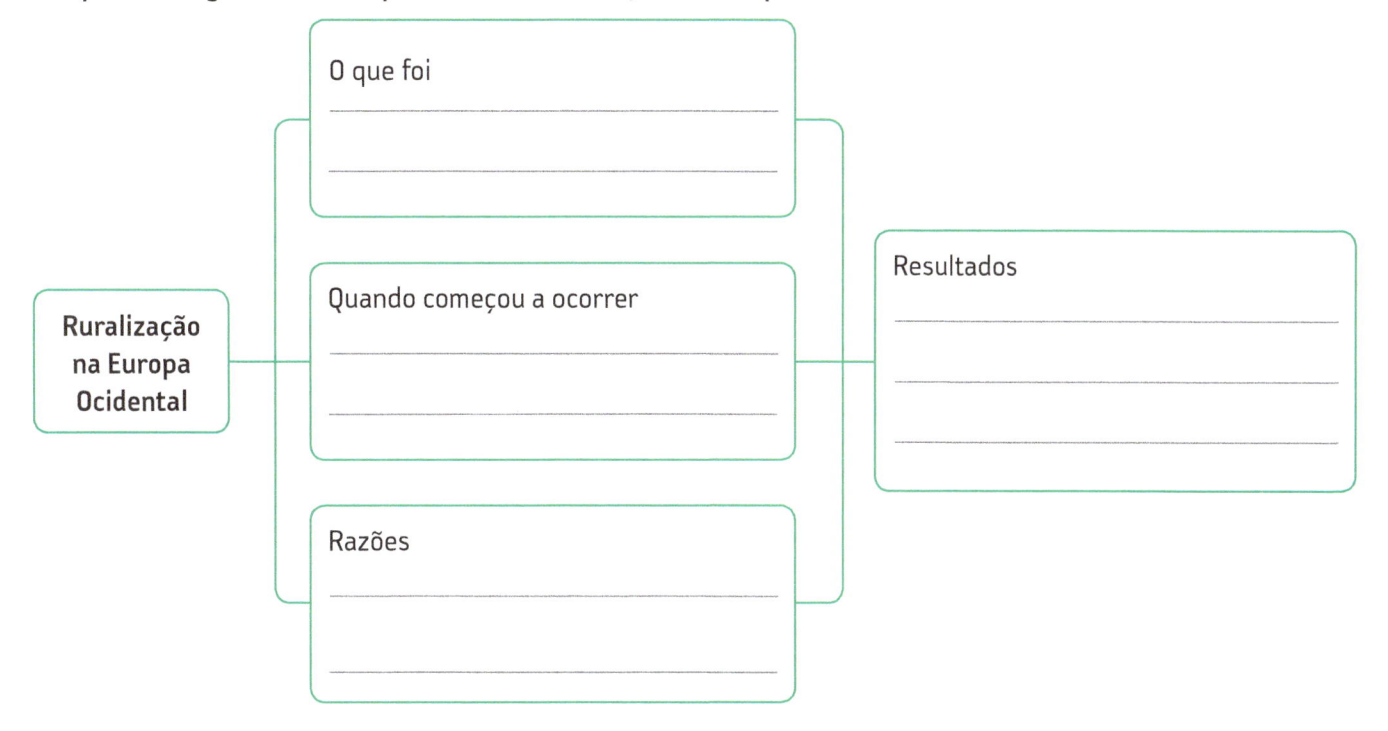

Ruralização na Europa Ocidental

- O que foi
  _____
  _____

- Quando começou a ocorrer
  _____
  _____

- Razões
  _____
  _____

- Resultados
  _____
  _____
  _____

3. Complete os quadros a seguir sobre o processo de descentralização política da Europa medieval.

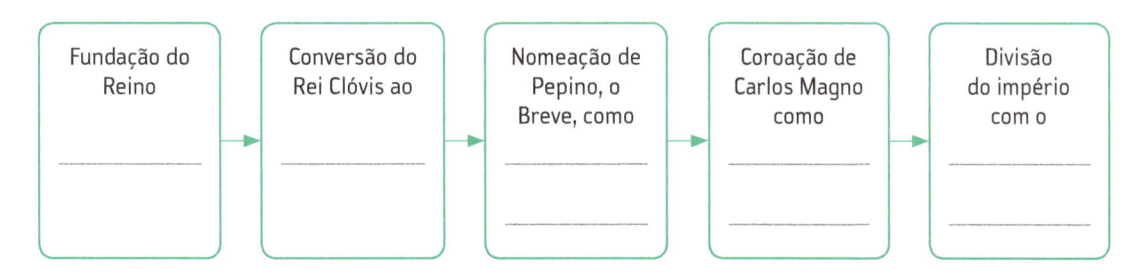

| Fundação do Reino _____ | → | Conversão do Rei Clóvis ao _____ | → | Nomeação de Pepino, o Breve, como _____ | → | Coroação de Carlos Magno como _____ | → | Divisão do império com o _____ |

4. Classifique as afirmativas abaixo como obrigações do suserano (S), obrigações do vassalo (V) ou obrigações de ambos (A).

a) (   ) Jurar fidelidade em troca das possessões.
b) (   ) Proteger e garantir o cultivo das terras recebidas.
c) (   ) Doar um feudo, cuja forma mais comum era a terra.
d) (   ) Prestar auxílio militar para proteção quando necessário.

5. Leia o texto abaixo e responda à pergunta.

Para se proteger das invasões germânicas no Império Romano, muitas pessoas fugiram para o campo. Os camponeses pobres passaram a trabalhar em grandes propriedades rurais, entregando aos donos delas parte da colheita como forma de pagamento pelo uso da terra. Posteriormente, um sistema social semelhante predominou na Europa Ocidental.

Qual é o nome dado ao sistema social predominante na Europa Ocidental após a queda do Império Romano?

_____
_____

6. Preencha a cruzadinha.

1. Povos constituídos de diversas tribos que se estabeleceram no Império Romano.

2. Primeiro nome do rei franco que foi coroado imperador dos romanos pelo papa e incentivou fortemente o desenvolvimento da cultura e da educação.

3. Nome do primeiro rei germânico a se converter ao cristianismo.

4. Relação estabelecida entre dois membros da aristocracia, em que um oferecia fidelidade e auxílio militar, e o outro recebia proteção e terras.

5. Relação social característica da Europa medieval estabelecida entre o senhor e os camponeses sob sua dependência.

6. Benefício originariamente concedido por um aristocrata a outro, como recompensa aos serviços prestados. Tornou-se a principal unidade política e econômica da Idade Média.

7. Povo germânico que estabeleceu um domínio duradouro sobre a Gália e expandiu sua influência sobre boa parte da Europa Ocidental.

7. Cite duas alterações ocorridas no século XIII que permitiram o crescimento da produção agrícola, e, consequentemente, a diminuição da fome e o crescimento populacional europeu.

_____

_____

8. Relacione os termos aos significados.

   a) Colonato.
   b) Franco.
   c) Manso servil.
   d) Manso senhorial.
   e) Vikings.

   ( ) Parte do domínio senhorial na qual residiam os nobres e as terras eram cultivavas pelos servos, que não recebiam nada por isso.

   ( ) Povos que, durante o século IX, fizeram várias incursões no continente europeu com o objetivo de saquear riquezas.

   ( ) Povo que, no século V, dominou a Lutécia, formou um grande reino e venceu os árabes no ano 732.

   ( ) Terras do senhorio destinadas a garantir a sobrevivência dos servos.

   ( ) Sistema de trabalho em que o camponês era preso à terra.

9. Identifique na ilustração do senhorio as áreas que correspondem ao manso senhorial, ao manso servil e às terras comunais, definindo cada uma.

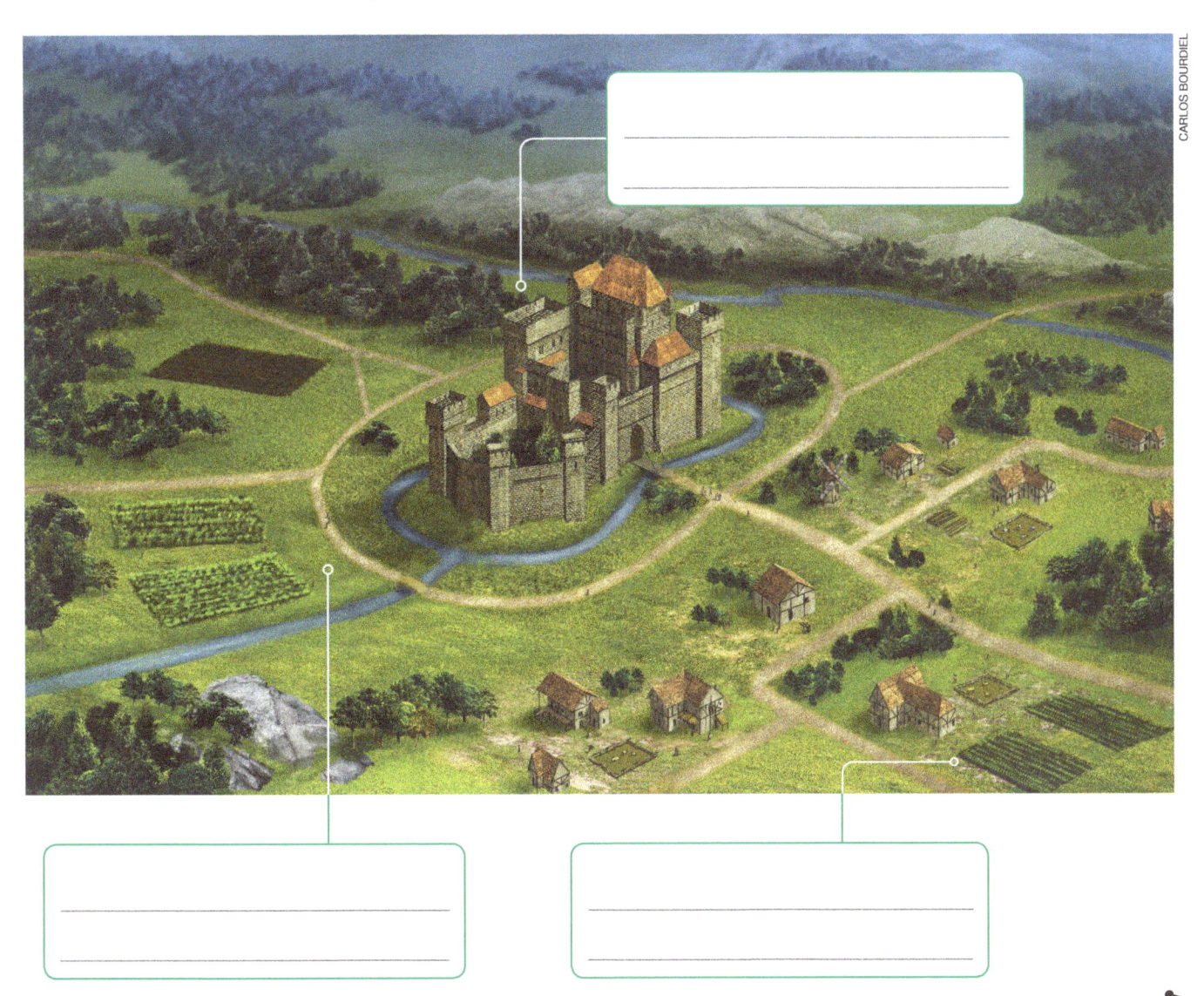

10. A imagem ao lado representa os sonhos de um rei na Europa medieval. Observe-a e responda às questões.

Sonho de Henrique I da Inglaterra, 1140, iluminura do manuscrito *Crônica de Worcester*, do monge inglês John de Worcester.

a) Descreva as três cenas em que se divide a imagem.

b) Essa imagem se refere a uma visão da organização da sociedade medieval de acordo com uma instituição. Que instituição era essa e como ela explicava a função de cada setor da sociedade?

c) Atualmente, como os historiadores interpretam a divisão social da Europa medieval?

11. Sobre a sociedade medieval europeia, classifique as afirmativas em verdadeiras (V) ou falsas (F).

   a) (   ) Com a migração da população para o campo, os centros urbanos desapareceram.

   b) (   ) No meio rural, os senhores leigos eram os nobres, os senhores de terra sem título de nobreza e os cavaleiros.

   c) (   ) Com a migração de grande parte da população para o campo, as cidades se esvaziaram e empobreceram.

   d) (   ) No meio rural os trabalhadores leigos se dividiam em servos, que estavam presos à terra, e vilões, camponeses livres.

   e) (   ) Os clérigos faziam parte de uma camada social formada exclusivamente por grandes proprietários de terras que exerciam atividades sacerdotais.

   f) (   ) Os escravos cultivavam a terra e desenvolviam atividades domésticos nos castelos, compondo a maior parte da mão de obra nos feudos.

   g) (   ) Mercadores, banqueiros e artesãos eram assim chamados de burgueses porque viviam em áreas ao redor dos feudos chamadas burgos.

12. Leia o texto abaixo e responda às questões.

   "[...] Os camponeses que ocupavam e cultivavam a terra não eram seus proprietários. A propriedade agrícola era controlada [...] por uma classe de senhores feudais, que extraíam um excedente de produção dos camponeses através de uma relação político-legal de coação. [...]"

   ANDERSON, Perry. *Passagens da Antiguidade ao feudalismo*. São Paulo: Brasiliense, 1991. p. 143.

   a) Identifique as camadas sociais mencionadas no texto.

   _____

   b) As relações entre essas camadas sociais eram espontâneas ou obrigatórias? Justifique sua resposta com um trecho do texto.

   _____
   _____
   _____

13. Leia o texto a seguir e assinale a alternativa correta.

   "Para assegurar que o terreno arável cumprisse a sua função produtiva, era essencial manter a sua fertilidade, deixando-o descansar de vez em quando, estrumá-lo [adubá-lo] e ará-lo. [...] Mas a eficiência deste processo estava intimamente ligada à qualidade da criação de animais. A frequência do cultivo podia ser maior e era mais rendosa, consoante o número e a força dos animais de tração. Quanto maior era a manada a pastar no pousio, melhor era a fertilização natural. A interdependência entre as atividades de cultivo e de pastoreio é a chave do sistema agrícola tradicional da Europa."

   DUBY, Georges. *Guerreiros e camponeses*. Lisboa: Estampa, 1980. p. 38.

   O texto se refere

   a) à manutenção dos moldes romanos de cultivo agrícola na Europa medieval, o que garantiu o volume necessário da produção.

   b) à manutenção dos moldes romanos de cultivo agrícola na Europa medieval, o que provocou a diminuição da produção e a escassez de alimentos.

   c) ao desenvolvimento de técnicas de cultivo agrícola na Europa medieval, o que possibilitou o aumento da produção e o fornecimento de alimentos.

   d) ao desenvolvimento de técnicas de cultivo agrícola na Europa medieval, que, apesar das tentativas, não resultou no aumento da produção nem do fornecimento de alimentos.

UNIDADE 8 TROCAS COMERCIAIS E CULTURAIS NA EUROPA MEDIEVAL

RECAPITULANDO

A IDADE DA FÉ: A EUROPA ENTRE O CRISTIANISMO E O ISLÃ

Apesar de as primeiras comunidades cristãs terem sido perseguidas e hostilizadas pelas autoridades romanas, o cristianismo conquistou rapidamente um grande número de adeptos e tornou-se a religião oficial do Império Romano.

A Igreja resistiu à queda de Roma e aliou-se aos francos, obtendo a força política e militar necessária para se estabelecer como a instituição mais forte da Europa medieval.

Outras manifestações religiosas ganharam força em regiões fora da Europa, como a Península Arábica, onde foi fundado o **islã** (ou **islamismo**), no século VII. A religião monoteísta, cujo deus é Alá, rapidamente se espalhou pelo Oriente Médio. Seus seguidores são chamados de mulçumanos ou islâmicos.

Segundo a tradição, Maomé recebeu sua primeira revelação divina quando tinha cerca de 40 anos. Por volta de 613, Maomé dirigiu-se à Colina de Safa, diante do santuário da Caaba, para anunciar, entre outras mensagens, que existia somente um Deus. Os líderes coraixitas sentiram-se ameaçados pelas pregações de Maomé, que, em 622, migrou para Yatrib (Medina). O episódio ficou conhecido como **Hégira**, e 622 foi adotado como o ano 1 para os mulçumanos. A partir de então, o islã foi aceito e espalhou-se pela Península Arábica, e em Meca foi estabelecido o centro da religião.

Em 632, quando Maomé morreu, a Arábia estava unificada pelo islã, e seus seguidores iniciaram o registro de seu livro sagrado, o **Alcorão**. Apesar das rivalidades internas, em pouco mais de um século o islã expandiu-se por um vasto território (Arábia, Palestina, Síria, Mesopotâmia, norte da África, Pérsia e Península Ibérica).

Os califas (líderes considerados sucessores de Maomé) investiam no desenvolvimento intelectual e científico. Estudiosos islâmicos desenvolveram ou aprimoraram elementos nas áreas da matemática, da química e da medicina, por exemplo.

Durante a Idade Média, a relação entre cristãos e muçulmanos foi marcada pela guerra. Em 1095, o papa Urbano II deu início às **Cruzadas**, uma série de expedições militares empreendidas para reconquistar territórios ocupados pelos islâmicos.

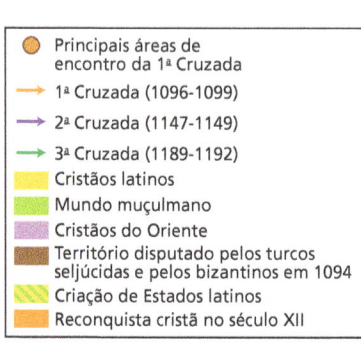

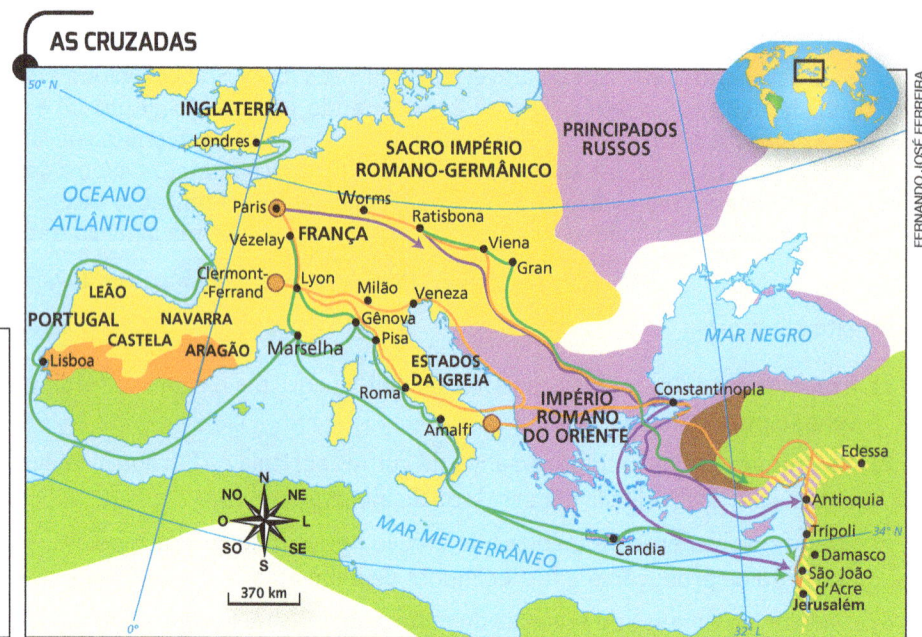

AS CRUZADAS

- Principais áreas de encontro da 1ª Cruzada
- 1ª Cruzada (1096-1099)
- 2ª Cruzada (1147-1149)
- 3ª Cruzada (1189-1192)
- Cristãos latinos
- Mundo muçulmano
- Cristãos do Oriente
- Território disputado pelos turcos seljúcidas e pelos bizantinos em 1094
- Criação de Estados latinos
- Reconquista cristã no século XII

Fonte: DUBY, Georges. *Atlas histórico mundial*. Barcelona: Larousse, 2010. p. 100-102.

Os cristãos foram chamados a lutar pela libertação de Jerusalém, que estava sob controle islâmico desde o século VIII, mas o movimento também tinha motivações econômicas e sociais, como o controle dos portos do Oriente e a busca por terras e melhores condições de vida.

Ao todo foram realizadas oito Cruzadas (a última, em 1270). Essas expedições contribuíram para o enfraquecimento do sistema feudal, pois os senhores se endividaram nas guerras e muitos servos que participaram delas não retornaram ao trabalho nos campos. Além disso, as trocas comerciais e, consequentemente, culturais entre a Europa Ocidental e o Oriente foram estimuladas.

AS MULHERES NAS CULTURAS PAGÃ E CRISTÃ

Recentemente, os pesquisadores passaram a dar atenção à vida de grupos sociais antes relegados pelo estudo da história, como o das mulheres.

Em Atenas, as mulheres eram submetidas ao pai ou ao marido e deviam cuidar da casa e ter uma vida reclusa.

Em Esparta, a partir do século VIII a.C., as meninas deviam receber a mesma educação que os meninos, e, posteriormente, cuidar da casa e praticar exercícios físicos a fim de terem filhos saudáveis e fortes para servir o exército. As mulheres espartanas chegaram a possuir terras.

Em Roma, até o período republicano, as mulheres estavam sob a guarda de homens, mas tinham certa liberdade social, e eram consideradas cidadãs, mas de forma limitada, pois não podiam assumir cargos públicos, por exemplo. Já no império, tinham o direito de conciliar as obrigações familiares com as atividades sociais.

Nos primeiros séculos da Idade Média, o aumento do poder da Igreja contribuiu para que a imagem do clero a respeito das mulheres fosse difundida. Elas eram vistas como herdeiras do pecado original, e estavam condenadas a viver sob a tutela masculina e a dedicar-se ao lar. Mas algumas tiveram atuação de destaque, tanto na comunidade laica quanto entre as religiosas, em busca de autonomia.

TROCAS COMERCIAIS E CULTURAIS NO MAR MEDITERRÂNEO

Em diferentes tempos, diversos povos e culturas utilizaram o Mar Mediterrâneo como local de integração e intercâmbio.

Na Antiguidade (entre os séculos XI e IX a.C.), os fenícios, por exemplo, dominaram o comércio e fundaram várias colônias na região. A civilização micênica, que floresceu por volta de 1500 a.C., também prosperou com o comércio no Mediterrâneo.

Nos séculos III e II a.C., com a expansão de seus territórios, Roma dominou o Mediterrâneo, passando a chamá-lo de "Nosso mar". Porém, com a crise do império, a partir do século III, a economia romana tornou-se cada vez mais rural e agrícola, e as cidades e o comércio empobreceram.

Nos primeiros séculos da Idade Média, o declínio do comércio e a ruralização da economia aprofundaram-se, mas o comércio dos europeus ocidentais com o Oriente pelo Mediterrâneo manteve-se, ainda que fraco, até o final do século VI, praticamente desaparecendo até o início do século VIII. Nesse momento, os árabes muçulmanos assumiram o controle do comércio no local e, do século VIII ao XI, o mundo árabe, que contava com grandes centros comerciais, passou pelo período mais próspero.

O Mar Mediterrâneo também foi o caminho das expedições de conquista dos árabes muçulmanos no norte da África e na Península Ibérica. No território ibérico ocupado pelos muçulmanos, que recebeu o nome de **Al-Andaluz** (Andaluzia), a influência deles foi forte e duradoura. O último reduto muçulmano na Península Ibérica foi conquistado pelos cristãos em 1492. Em parte do processo de reconquista dos territórios ocupados pelos muçulmanos, os cristãos também utilizaram o Mediterrâneo.

Outras regiões também passaram por períodos de prosperidade em decorrência do comércio praticado no Mediterrâneo, como Constantinopla, a capital do Império Bizantino, e algumas cidades italianas, como Nápoles e Veneza.

A EXPANSÃO DO COMÉRCIO E DAS CIDADES

A partir do século X, várias transformações ocorridas na Europa medieval, como as inovações agrícolas, possibilitaram o incremento do comércio interno. Assim, entre os séculos XI e XIII, com a disseminação dessas mudanças e o aumento da colheita, as crises de fome e as epidemias diminuíram, enquanto a expectativa de vida e o crescimento populacional aumentaram.

Como a quantidade de trabalhadores no campo passou a ser maior do que era necessário para o cultivo, muitas pessoas migraram para outras regiões ou se deslocaram para as cidades.

Por volta do século X, o comércio em crescimento na Europa tinha como principais centros o **eixo do Mediterrâneo** – dominado, principalmente, pelas poderosas classes de comerciantes de algumas cidades italianas, enriquecidas em razão da venda na Europa dos produtos adquiridos no comércio com a África – e o **eixo nórdico**, dominado, sobretudo, por mercadores flamengos. Ao longo desses grandes eixos, havia **mercados** e **feiras**, onde eram negociados diferentes produtos.

Muitos dos centros urbanos que foram fundados ou que mais cresceram no período tinham ligações com as rotas de comércio de maior fluxo, ou seja, a expansão da cidade e a do comércio estavam diretamente relacionadas.

Nas antigas cidades, habitações foram construídas em torno das muralhas, os **burgos**, em que viviam os burgueses. As cidades eram liberadas das cobranças de direitos senhoriais, como taxações diversas, e tinham privilégios, como a manutenção da autonomia de seu governo.

Com o crescimento da população urbana, a produção artesanal foi incrementada com o aumento da procura por diversos produtos. Nas cidades, os artesãos se organizavam, muitas vezes, em **corporações de ofício**, associações que controlavam a qualidade e o preço dos produtos. As oficinas eram comandadas por um **mestre de ofício**, que administrava o trabalho dos **companheiros** e dos **aprendizes**.

Para as famílias dos artesãos, assim como para as de médios e ricos burgueses, a leitura e a escrita tinham muita importância. Assim, a partir do século XII, foram fundadas várias escolas clericais, nas quais os alunos aprendiam leitura, escrita, canto, aritmética, religião e latim.

Teste e aprimore seus conhecimentos com as atividades a seguir.

1. Sobre o cristianismo, classifique cada uma das afirmativas em verdadeira (V) ou falsa (F). Em seguida, reescreva as falsas, corrigindo-as.

    a) ( ) As primeiras comunidades cristãs foram hostilizadas e perseguidas.

    b) ( ) As primeiras igrejas cristãs foram formadas em regiões da Europa, da Ásia e do Oriente Médio.

    c) ( ) Como consequência da hostilidade e da perseguição sofridas, o número de adeptos do cristianismo diminuiu.

    d) ( ) No século IV, o imperador Constantino proibiu a liberdade de culto aos cristãos.

    e) ( ) O cristianismo foi difundido e organizado principalmente por bispos, os primeiros líderes da Igreja, e pelos monges, que viviam no isolamento.

2. Complete o quadro com informações sobre o islã.

O islã	
Quando e por quem foi fundado:	
Forma como seus seguidores são chamados:	
Principal característica:	
Livro sagrado:	
Significado e importância da Hégira:	

3. Assinale as alternativas corretas.

   a) Assim como os primeiros cristãos foram perseguidos pelos romanos, os primeiros islâmicos foram hostilizados por líderes coraixitas e obrigados a fugir para Medina.

   b) Após a morte de Maomé, em 632, as rivalidades internas impediram a escolha de um califa (sucessor do profeta), diminuindo a difusão do islamismo.

   c) Depois da morte de Maomé, apesar das divergências, sob o comando dos califas o islamismo expandiu-se por um vasto território.

   d) Por causa da forte perseguição e da resistência ao monoteísmo pelos povos da Península Arábica, o islamismo foi pouco difundido.

   e) A relação entre islâmicos e cristãos na Europa medieval sempre foi tensa, mas sem enfrentamento direto.

4. Averróis foi um importante estudioso islâmico. Ele escreveu sobre matemática, medicina, física e, principalmente, filosofia. O texto a seguir trata de seus estudos. Analise-o e faça o que se pede.

   "[...] o que caracteriza e marca sua originalidade é a intenção de expor a pura filosofia mediante a leitura direta de Aristóteles, independentemente de todo compromisso prévio com qualquer doutrina ou magistério, por mais antigo e sagrado que fosse. [...]

   As leituras e interpretação de Averróis à obra de Aristóteles têm a intenção e finalidade de demonstrar a primazia da filosofia, em sentido escrito, sobre qualquer outro tipo de saber. Ou seja, como sabedoria humana, a filosofia não depende da ajuda da revelação divina nem está subordinada à experiência empírica própria das ciências e das artes."

   COSTA, José Silveira da. *Averróis*: o aristotelismo radical. São Paulo: Moderna, 1994, p. 28-29.

   Empírico: baseado na experiência e/ou na observação.

   a) Segundo o texto, de que forma Averróis estudava a filosofia grega?

   b) Existia alguma subordinação dos estudos filosóficos de Averróis à religião? Grife no texto passagens que justifiquem sua resposta.

5. Responda às seguintes questões sobre as Cruzadas.

a) Quem convocou o movimento cruzadista? Quando?

_____

_____

b) Quais eram as motivações das Cruzadas?

_____

_____

c) Que consequência as Cruzadas produziram no sistema feudal? Explique.

_____

_____

6. Os textos a seguir apresentam visões distintas sobre as Cruzadas. Analise-os e responda às questões.

"Os turcos e os árabes [...] penetram mais a cada dia nos países cristãos; eles os venceram sete vezes em batalha, matando e fazendo grande número de cativos, destruindo as igrejas e devastando o reino [...]

Por isso eu vos apregoo e exorto, tanto os pobres como os ricos – e não eu, mas o Senhor vos apregoa e exorta – que como arautos de Cristo vos apresseis a expulsar esta vil ralé das regiões habitadas por nossos irmãos, levando uma ajuda oportuna aos adoradores de Cristo. Eu falo aos que estão aqui presentes e proclamo aos ausentes, mas é Cristo quem convoca [...]."

URBANO II [1095]. Foucher de Chartres. In: PERNOUD, R. Les Cruzades. Paris: [s.n.], 1960. p. 17-18. Citado em: PEDRERO-SÁNCHEZ, Maria Guadalupe. *História da Idade Média*: textos e testemunhas. São Paulo: Editora Unesp, 2000. p. 83-84.

"Ao amanhecer chegam os francos: dá-se uma carnificina. [...] o horror, aqui, reside menos no número de vítimas do que na sorte dificilmente imaginável que lhes foi reservada. Em Maara, coziam pagãos adultos nos caldeiros [...] a recordação de tais atrocidades, difundida pelos poetas locais e pela tradição oral, gravará nos espíritos uma imagem dos francos que custa a apagar. [...] Um juízo sem complacência resume bem a impressão causada pelos francos à sua chegada à Síria: uma mistura de temor e desprezo, bem compreensível por parte de uma nação árabe muito superior pela cultura [...]. Jamais os turcos olvidarão o canibalismo dos ocidentais."

MAALOUF, Amin. *As Cruzadas vistas pelos árabes*. Lisboa: Edições 70, 2013. p. 57.

Exortar: incentivar.
Complacência: disposição em entender/agradar o outro.
Olvidar: esquecer.

a) O primeiro texto é parte de um discurso do papa Urbano II. Qual foi a relação dele com as Cruzadas?

_____

b) A quem o papa Urbano II dirige seu discurso? Com que objetivo?

_____

_____

c) Qual é a justificativa do papa para realização das Cruzadas?

_____

_____

d) O segundo texto foi construído com base em narrativas árabes sobre as Cruzadas. Qual é a visão expressa no texto?

e) Qual era o sentimento dos islâmicos em relação aos cruzados europeus? Copie o trecho que justifica sua resposta.

f) O que os dois pontos de vista têm em comum? Grife nos textos trechos que justifiquem sua resposta.

7. Encontre na cruzadinha o nome de cinco povos que utilizaram o Mar Mediterrâneo como local de trocas durante a Antiguidade e a Idade Média.

N	G	T	B	E	D	T	H	G	N	O	U	I
H	O	W	E	F	E	R	C	D	A	T	S	X
H	G	A	V	E	B	T	F	R	A	N	O	I
M	I	C	Ê	N	I	C	O	S	M	L	I	O
C	D	W	Q	Í	C	H	L	E	I	R	T	V
A	R	E	M	C	I	Y	N	B	V	A	S	H
N	K	G	D	I	N	R	C	D	A	T	S	X
H	O	I	R	O	M	A	N	O	S	V	Á	D
I	C	D	W	S	B	T	F	R	A	N	R	O
L	G	T	B	E	D	T	H	G	N	O	A	A
U	H	V	F	E	E	U	G	A	S	E	B	R
I	J	Y	T	X	A	S	A	C	A	R	E	T
V	N	B	I	Z	A	N	T	I	N	O	S	Y

8. Leia o texto, sobre Christine de Pizan, e faça o que se pede.

"[...] italiana de nascimento e francesa de criação. Christine de Pizan (1364-1430) [...] legou obras que falam sobre as mulheres a partir do olhar feminino, apartando-se da literatura até então eminentemente masculina e que falava das mulheres sob a ótica dos homens dominadores, propiciando o estabelecimento e o cotejo entre duas visões sobre o mesmo fato: a originária (das mulheres) e a derivada (dos homens).

A leitura das principais obras de Christine de Pizan [...] conduz à reconstituição do universo feminino na época medieval a partir de sua autopercepção enquanto ser humano [...]."

NERI, Christiane Soares Carneiro. Feminismo na Idade Média: conhecendo as cidades das damas. *Revista Gênero & Direito*, v. 1, p. 69, 2013. Disponível em <http://mod.lk/4aiVt>. Acesso em: 3 jul. 2018.

Legar: transmitir.
Apartar: separar, afastar.
Eminente: que predomina, que se sobrepõe.

a) Segundo o texto, quem foi Christine de Pizan?

b) Qual foi a mudança provocada pelos escritos de Christine de Pizan na interpretação da história?

c) Explique o trecho: "A leitura das principais obras de Christine de Pizan [...] conduz à reconstituição do universo feminino na época medieval a partir de sua autopercepção enquanto ser humano".

9. Leia o trecho e assinale a alternativa correta.

"A cidade da Idade Média é um espaço fechado. A muralha define. [...] Ela é guarnecida de torres, torres das igrejas, das casas dos ricos e da muralha que a cerca."

LE GOFF, Jacques. *Por amor às cidades*. São Paulo: Editora da Unesp, 1998. p. 71.

a) A cidade descrita no texto corresponde às cidades ocupadas pelos cruzados que foram fortificadas para impedir novas invasões.

b) O perfil de cidade descrito no texto corresponde aos típicos burgos europeus formados a partir do século XI com a expansão do comércio.

c) A cidade descrita no texto corresponde ao modelo europeu que perdurou por todo o período medieval sem alteração.

d) O perfil de cidade descrito no texto começou a ser alterado a partir do desenvolvimento comercial, que promoveu o crescimento das cidades além das muralhas com a formação dos burgos.

e) Em cidades como a descrita no texto, existia intensa atividade comercial protegia pelas muralhas.

10. No entorno do Mediterrâneo, diversas trocas culturais foram feitas. Podemos mencionar nesse processo, por exemplo, a influência da arte bizantina na arte islâmica. Observe as imagens a seguir e faça o que se pede.

Representação de Jesus Cristo na Catedral de Monreale, na Sicília. Itália, foto de 2018.

Foto atual de parte do interior da Mesquita de Lotfollah, em Esfahan, Irã.

a) Indique as semelhanças nas composições retratadas nas duas imagens.

_____
_____
_____

b) Descreva as principais diferenças entre as composições das duas imagens.

_____
_____
_____

c) Com base nas imagens, que diferença podemos perceber entre a arte cristã e a islâmica?

_____
_____
_____

11. Complete o esquema a seguir com os termos do quadro.

> alimentos   artesãos   cidades   colheitas   comércio
> crescimento populacional   epidemias   expectativa de vida   fome
> ofícios   população urbana   produção agrícola

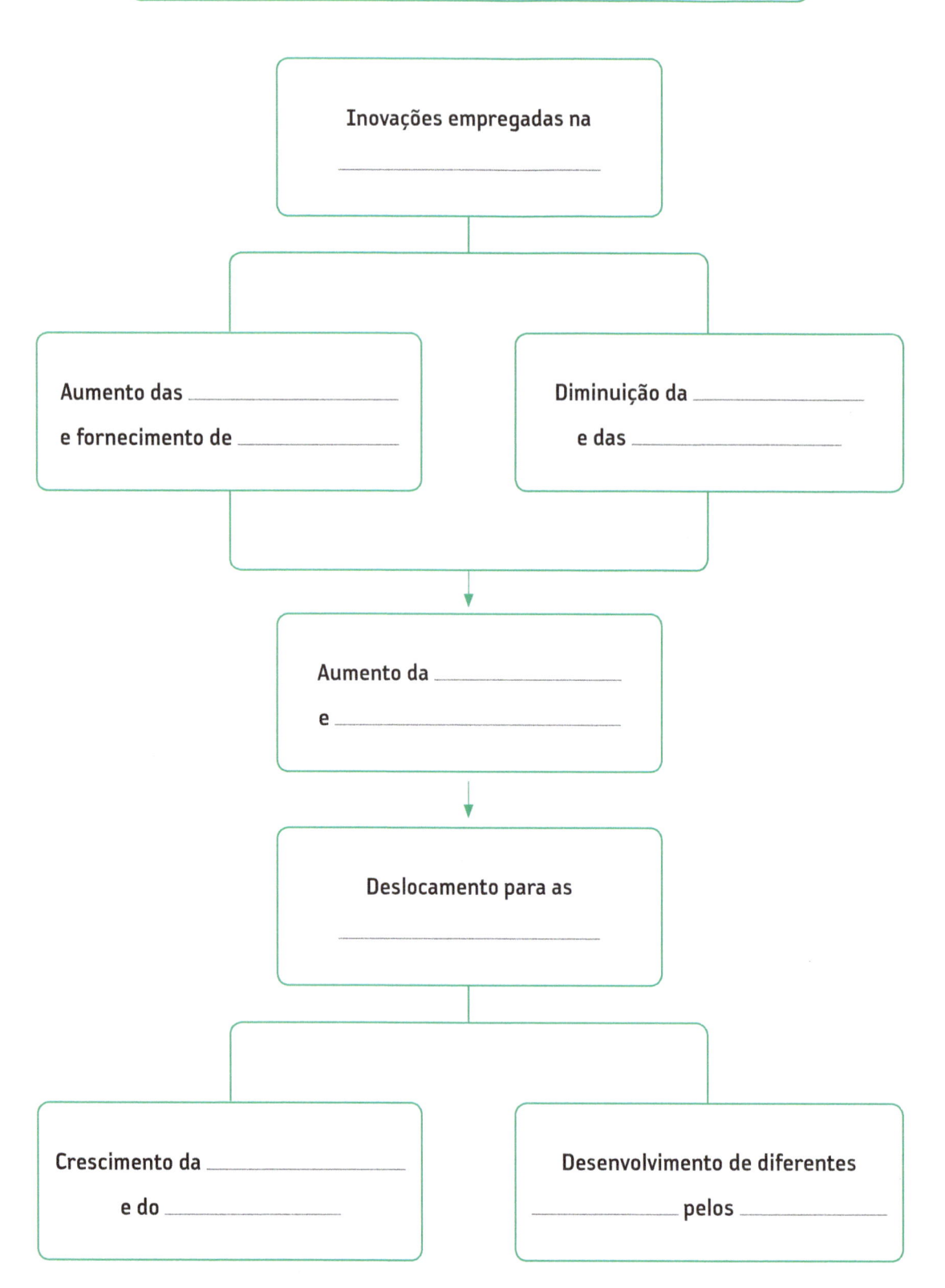

Inovações empregadas na _____

Aumento das _____ e fornecimento de _____

Diminuição da _____ e das _____

Aumento da _____ e _____

Deslocamento para as _____

Crescimento da _____ e do _____

Desenvolvimento de diferentes _____ pelos _____

12. Relacione as colunas.

Eram trabalhadores especializados que já tinham concluído a aprendizagem do ofício.	companheiros
Administravam o trabalho dos outros artesãos nas corporações de ofício e recebiam um salário.	aprendizes
Iniciavam o ofício entre os 10 e os 12 anos de idade e não recebiam salário.	mestres de ofício